STEP 1

손으로 생각하는 사고력 수학 시리즈

챌린지 CHALLENGE

폴리아몬드

조이앤에듀

몬스터매스 챌린지의 활용법

폴리아몬드를 활용하여 수학의 5대 영역(수와 연산, 도형, 측정, 자료와 가능성, 규칙성)의 내용을 골고루 학습합니다.

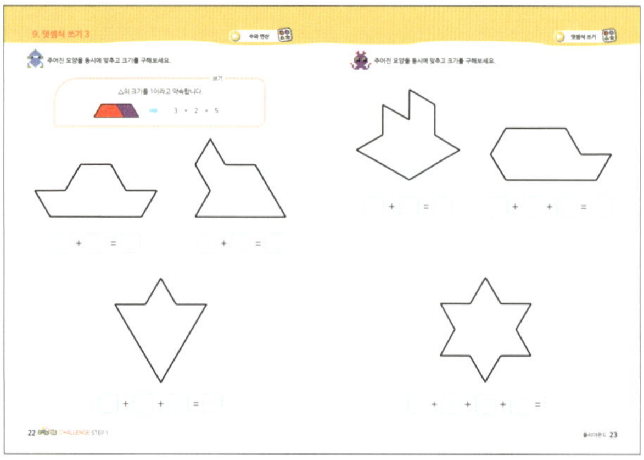

폴리아몬드의 수학적 의미에 대한 스토리는 아이들에게 흥미를 이끌어내도록 합니다.

아이들의 흥미를 위해 놓아보기( ), 색칠하기( ), 연필로 그려보기( ) 등 다양하게 활동하도록 합니다.

티칭 가이드를 통해 주제에 따른 학습 내용과 지도에 대한 팁을 활용합니다.

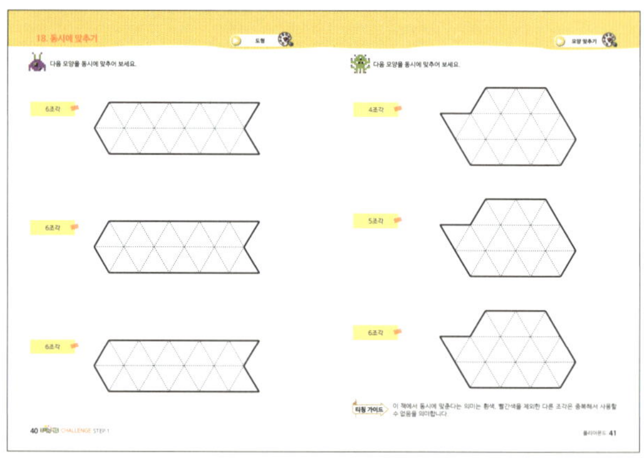

학습효과

1. 수학의 5대 영역에 대하여 폭넓게 익히고, 경험할 수 있습니다.
2. 특히 영재성의 기본인 공간지각력을 키우고, 공간 구조를 익힐 수 있습니다.
3. 어려운 문제를 해결해냄으로써 성취감을 높여줍니다.
4. 문제 해결을 위한 전략적인 사고는 생각하는 힘을 길러줍니다.

CONTENTS

너무 재미있겠다~
빨리 빨리
시작해요~

STORY

폴리아몬드 이야기

폴리아몬드(polyamonds)는 크기가 같은 여러 개의 정삼각형을
변끼리 붙여 만든 도형을 말합니다.
이때, 붙어있는 정삼각형의 개수에 따라 이름을 다르게 붙입니다.

정삼각형 1개 : 모니아몬드 (Moniamond)
정삼각형 2개 : 다이아몬드 (Diamond)
정삼각형 3개 : 트리아몬드 (Triamond)
정삼각형 4개 : 테트리아몬드 (Tetriamond)
정삼각형 5개 : 펜티아몬드 (Pentiamond)
정삼각형 6개 : 헥시아몬드 (Hexiamond)

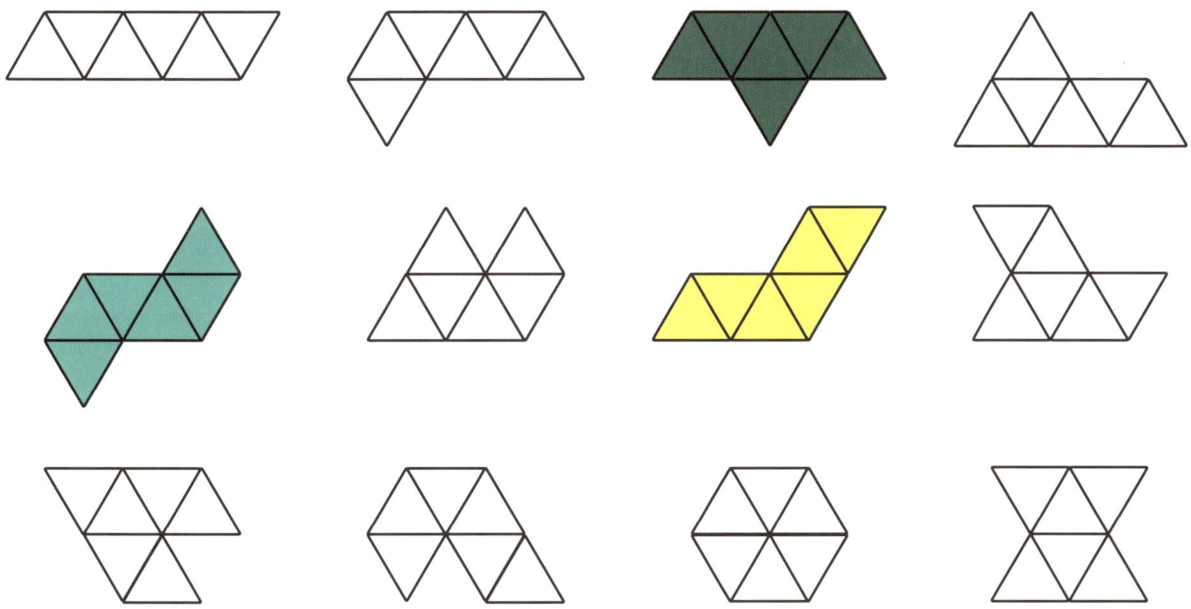

헥시아몬드 (hexiamond)

챌린지 시리즈에서는 헥시아몬드 12가지 중 3가지만 사용합니다.

폴리아몬드를 활용하여
모양 만들기 뿐만 아니라
덧셈식, 뺄셈식, 합동, 닮음, 크기, 둘레에 대하여
다양한 활동을 할 수 있습니다.
폴리아몬드의 여러 활동을 통해
집중력, 공간지각력, 문제해결력 및 창의력을 기를 수 있습니다.

1. 폴리아몬드 구성 알기

같은 조각을 찾아 올려놓고, 이름을 정해보세요.

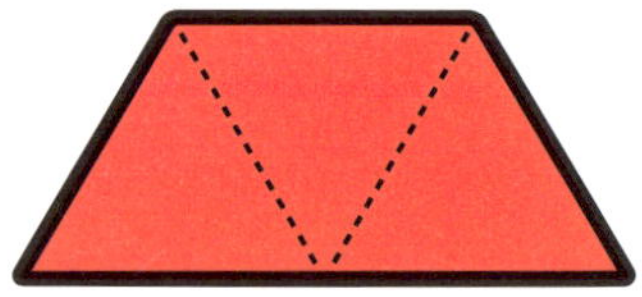

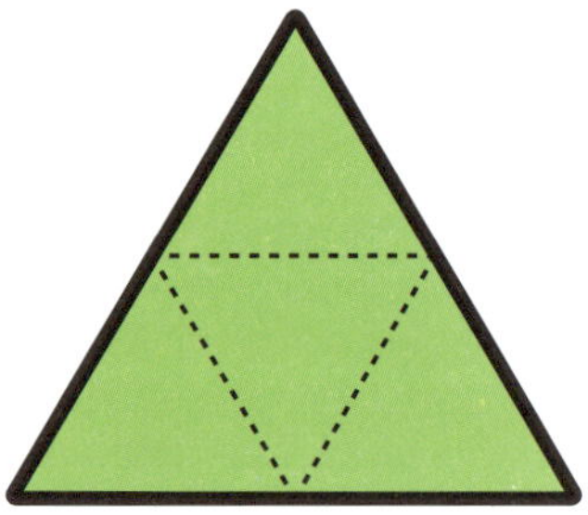

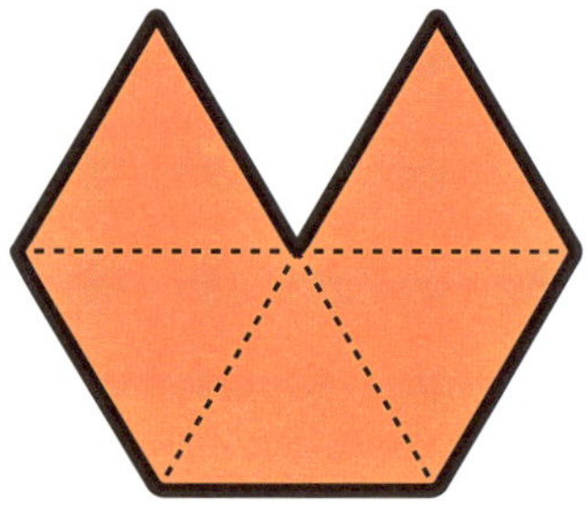

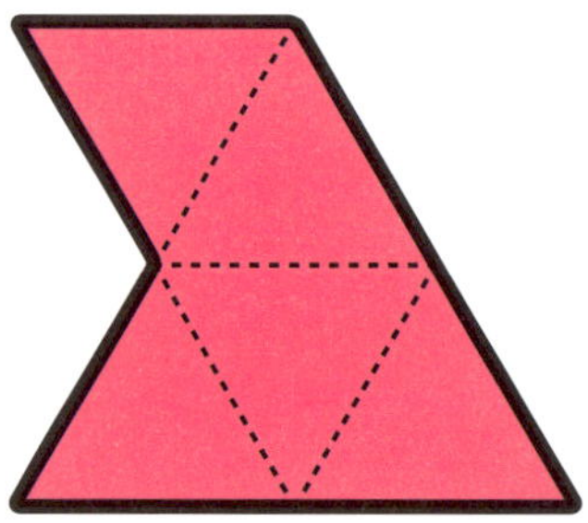

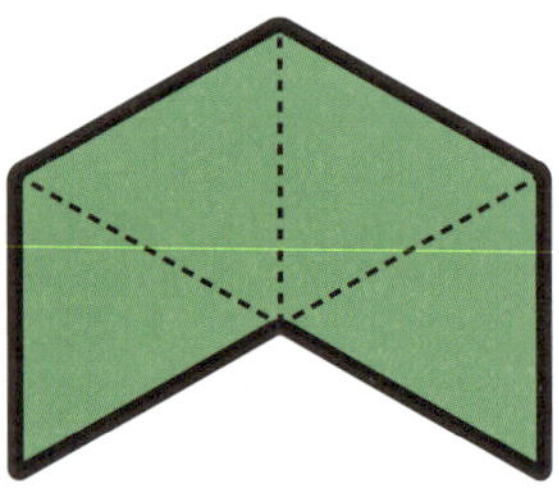

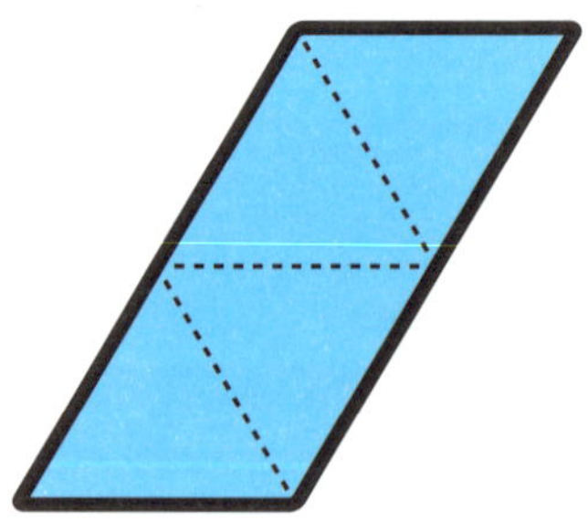

같은 조각을 찾아 올려놓고, 이름을 정해보세요.

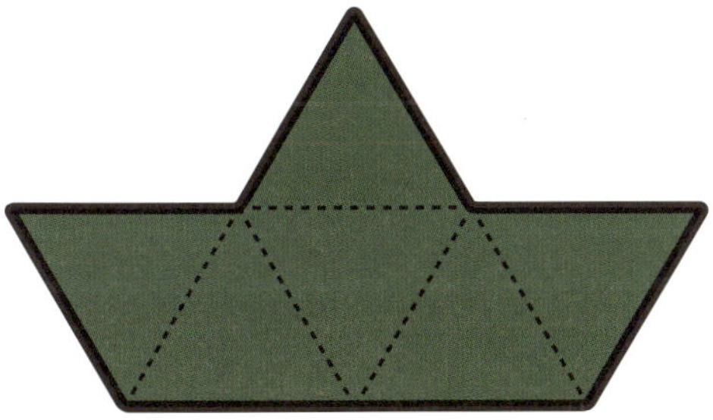

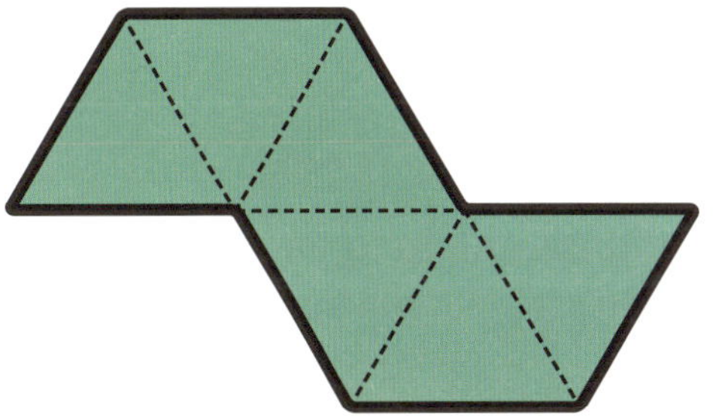

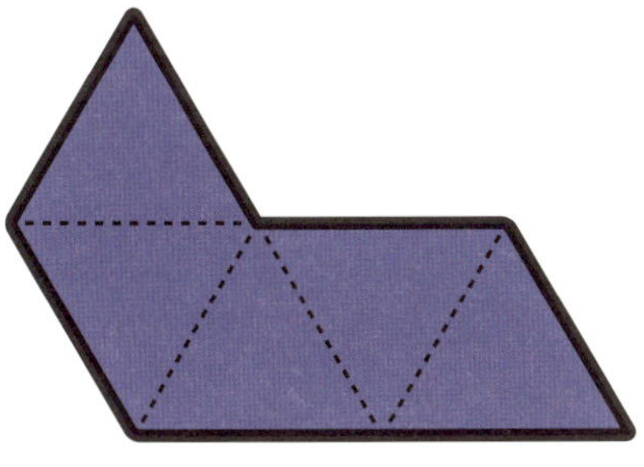

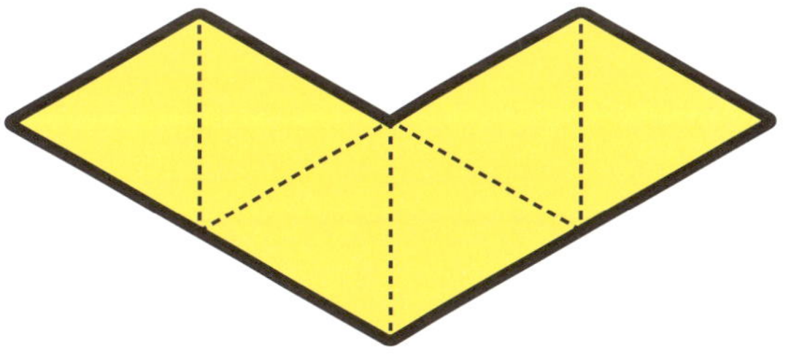

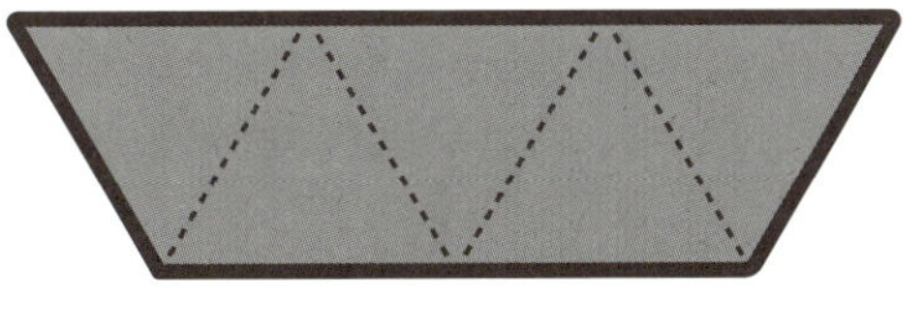

티칭 가이드 조각들을 보고 재미있는 이름을 지어봅니다.

2. 크기 약속하기

△의 크기를 1이라고 약속합니다. 다음 모양을 작은 삼각형으로 맞추고 크기를 쓰세요.

 = 1

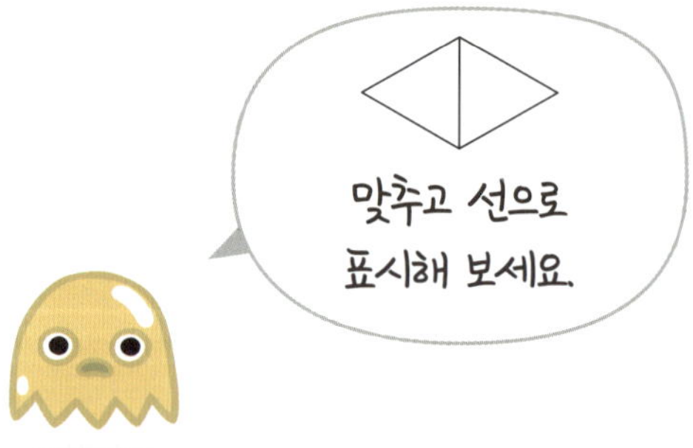

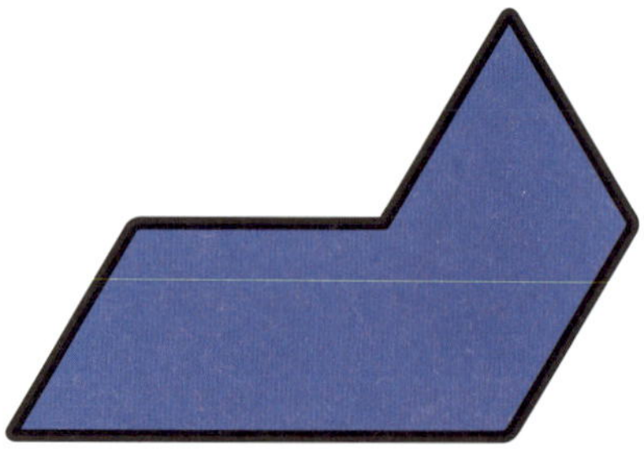

다음 모양을 작은 삼각형으로 맞추고 크기를 쓰세요.

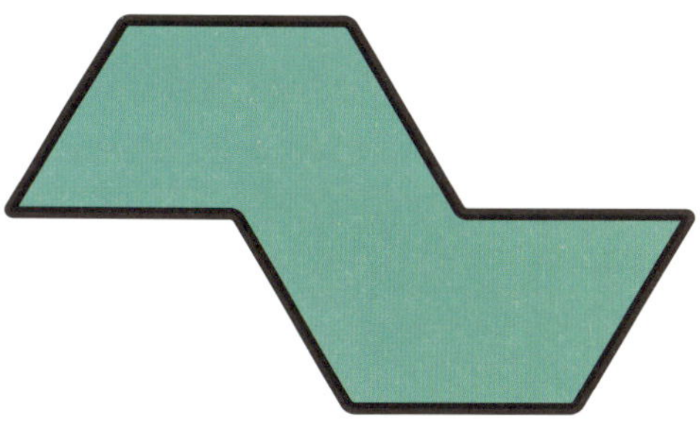

3. 크기 분류

△의 크기를 1이라고 약속합니다. 다음과 같은 기준으로 조각을 분류하고 격자판에 올려놓은 후 그려보세요.

크기가 1인 조각

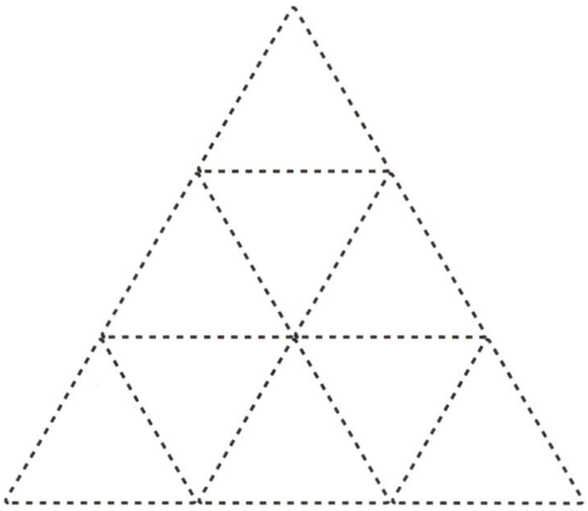

크기가 2인 조각

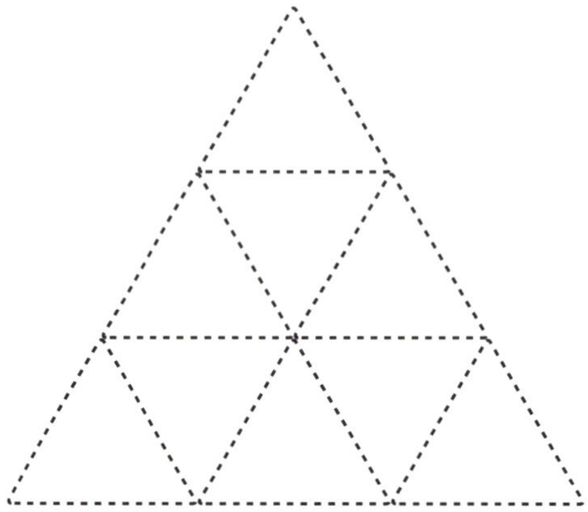

크기가 3인 조각

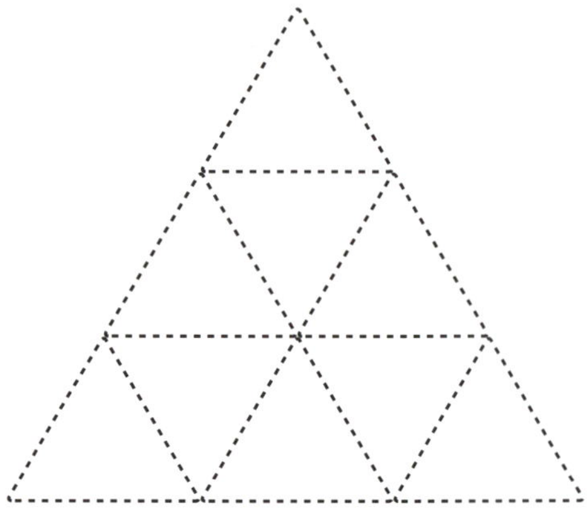

크기가 4인 조각

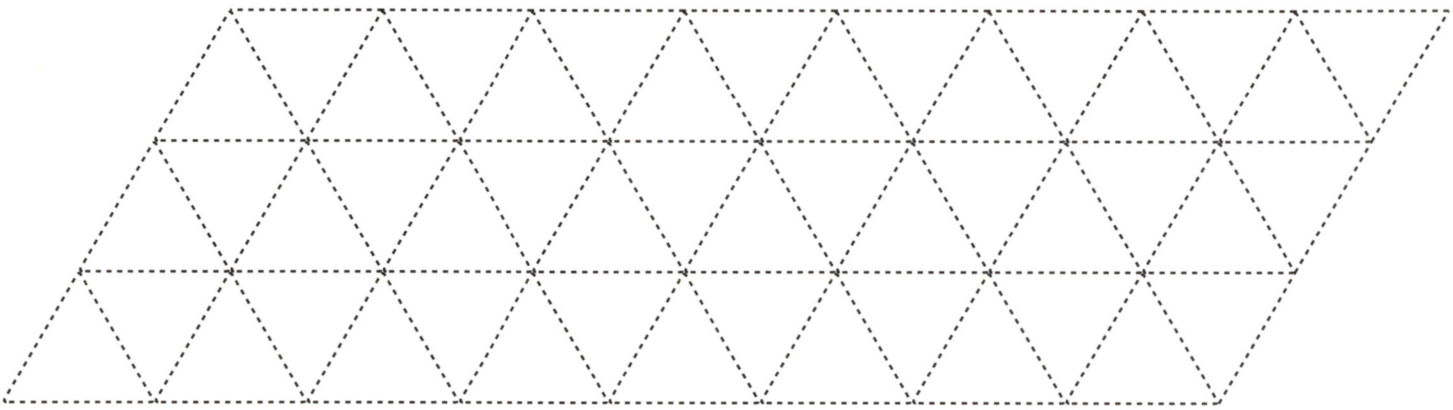

다음과 같은 기준으로 조각을 분류하고 격자판에 올려놓은 후 그려보세요.

크기가
5인 조각

크기가
6인 조각

4. 폴리아몬드 게임

다음의 방법으로 게임을 해봅니다.

게임방법

1. 가위, 바위, 보로 순서를 정합니다.
2. 주사위에 나온 수와 같은 크기의 폴리아몬드 조각을 찾아 올려놓습니다.
3. 번갈아가며 주사위를 던집니다.
4. 더 이상 놓을 수 없으면 지는 게임입니다.

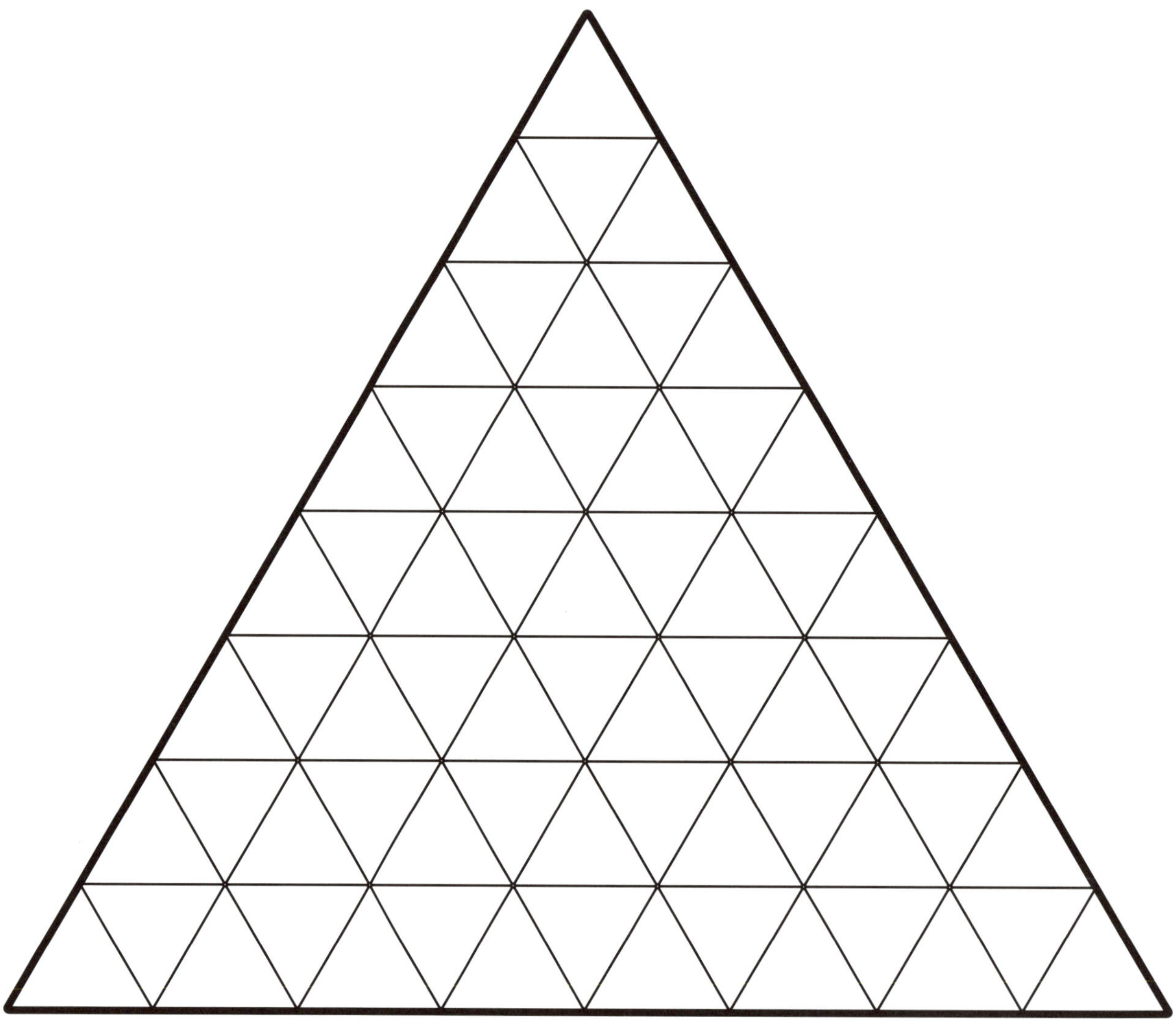

다음의 방법으로 게임을 해봅니다.

게임방법

1. 가위, 바위, 보로 순서를 정합니다.
2. 주사위에 나온 수와 같은 크기의 폴리아몬드 조각을 찾아 올려놓습니다.
3. 번갈아가며 주사위를 던집니다.
4. 더 이상 놓을 수 없으면 지는 게임입니다.

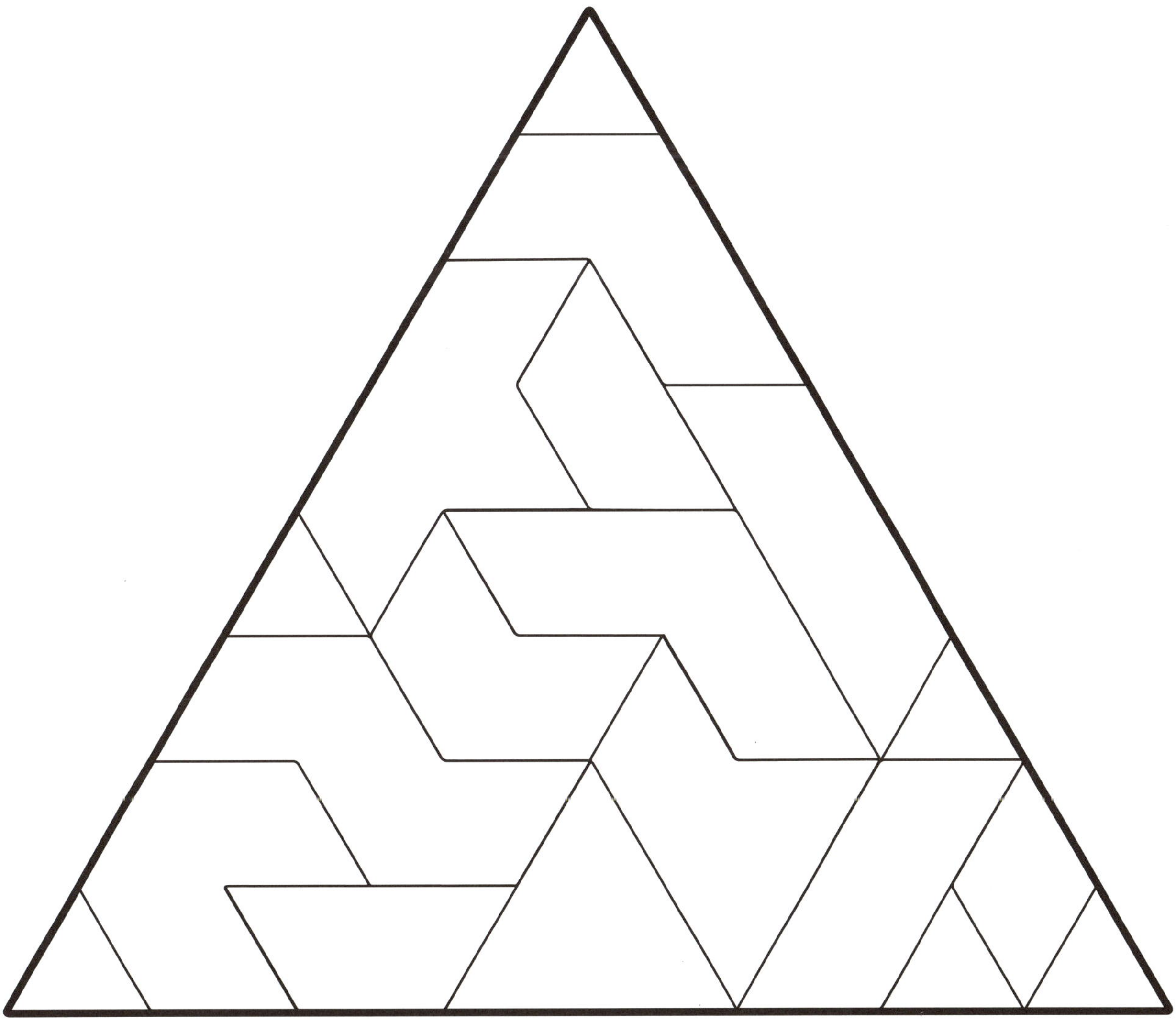

티칭 가이드 가정에서 6점 주사위를 준비해 주세요.

5. 조건에 맞는 모양 맞추기 1

도형

다음 모양을 조건에 맞게 맞추어 보세요.

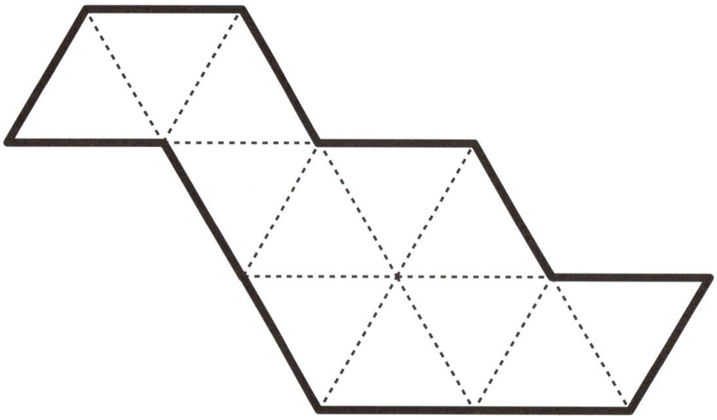

2조각

조건에 맞게
모양을 맞추고 무슨 모양인지
이야기해 보자!

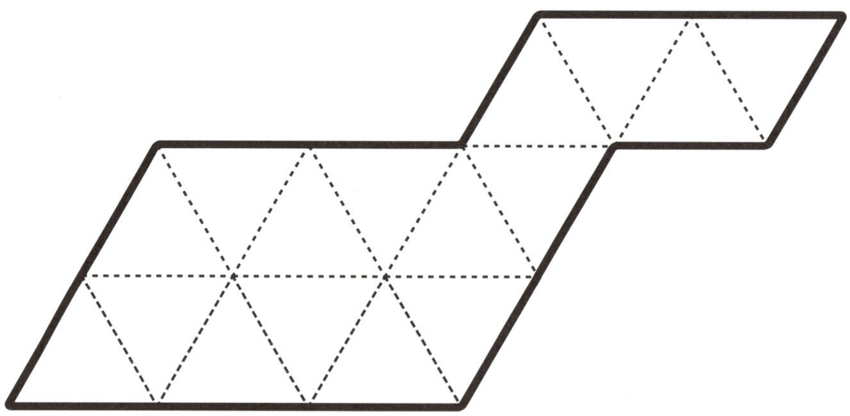

3조각

다음 모양을 조건에 맞게 맞추어 보세요.

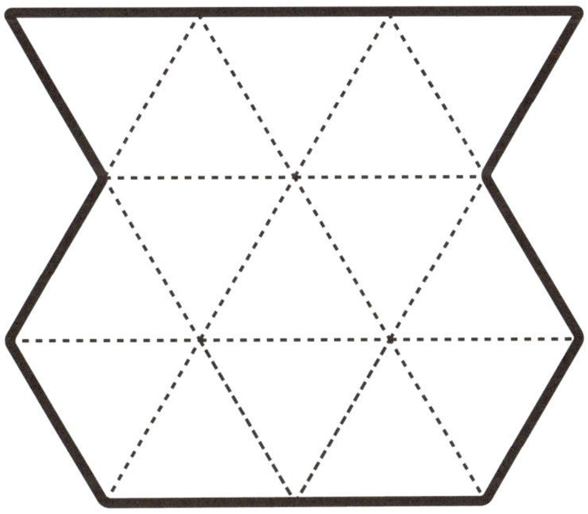

3조각

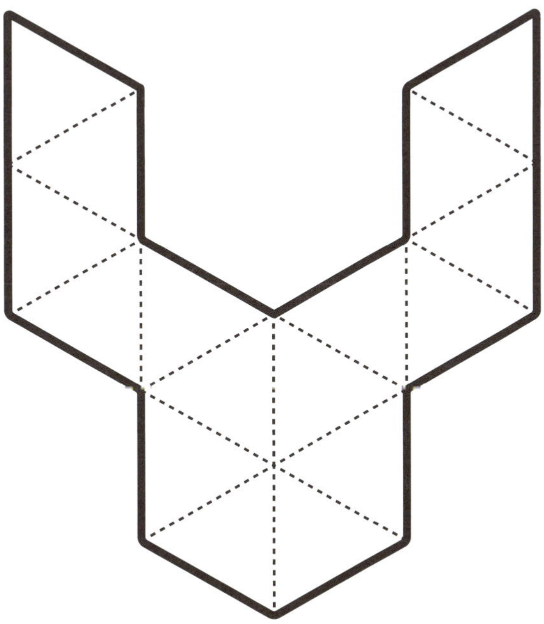

3조각

크기가 같은 삼각형을 조건대로 맞추고, ◯ 안에 알맞은 답을 쓰세요.

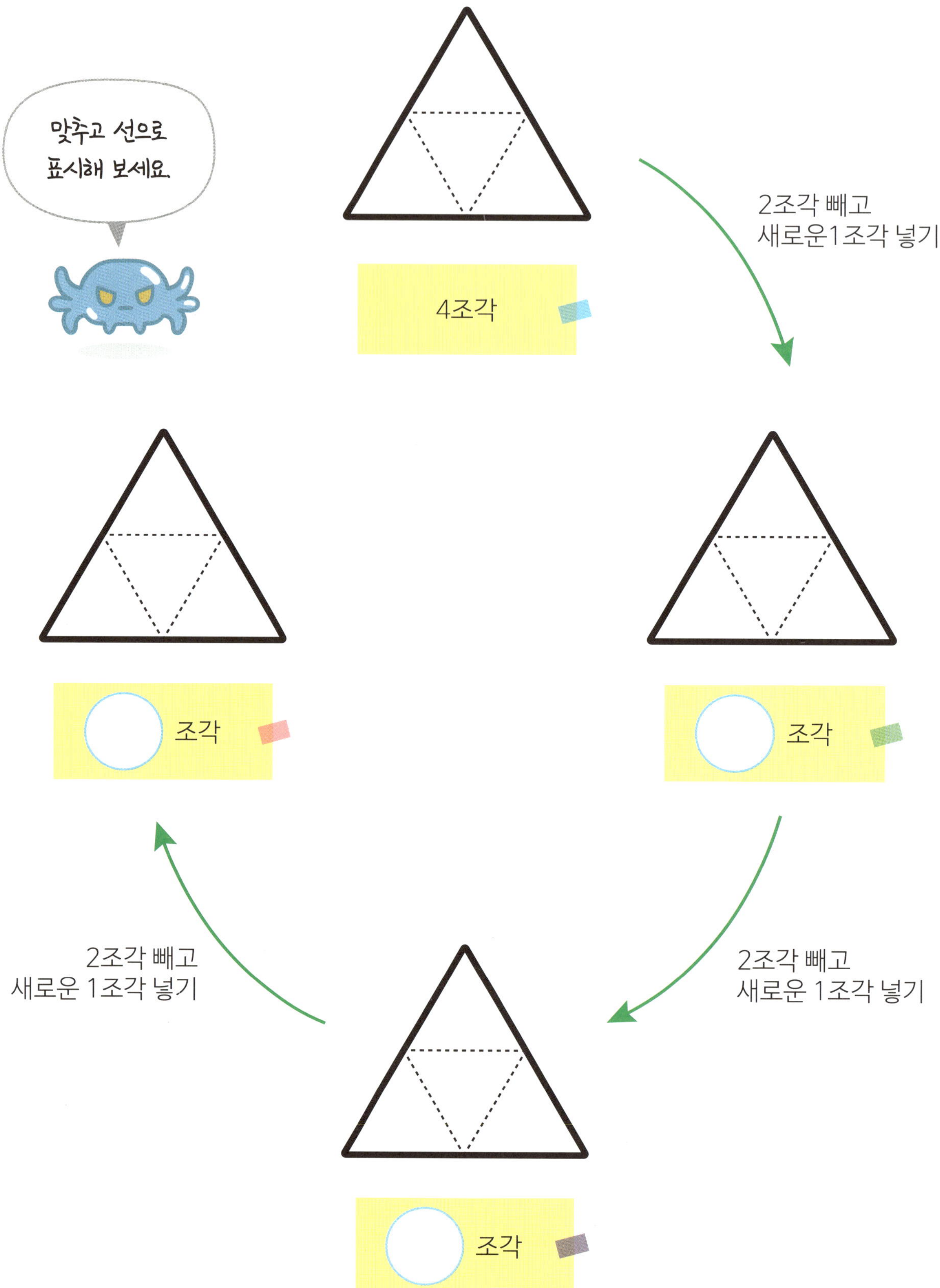

크기가 같은 마름모를 조건대로 맞추고, ◯ 안에 알맞은 답을 쓰세요.

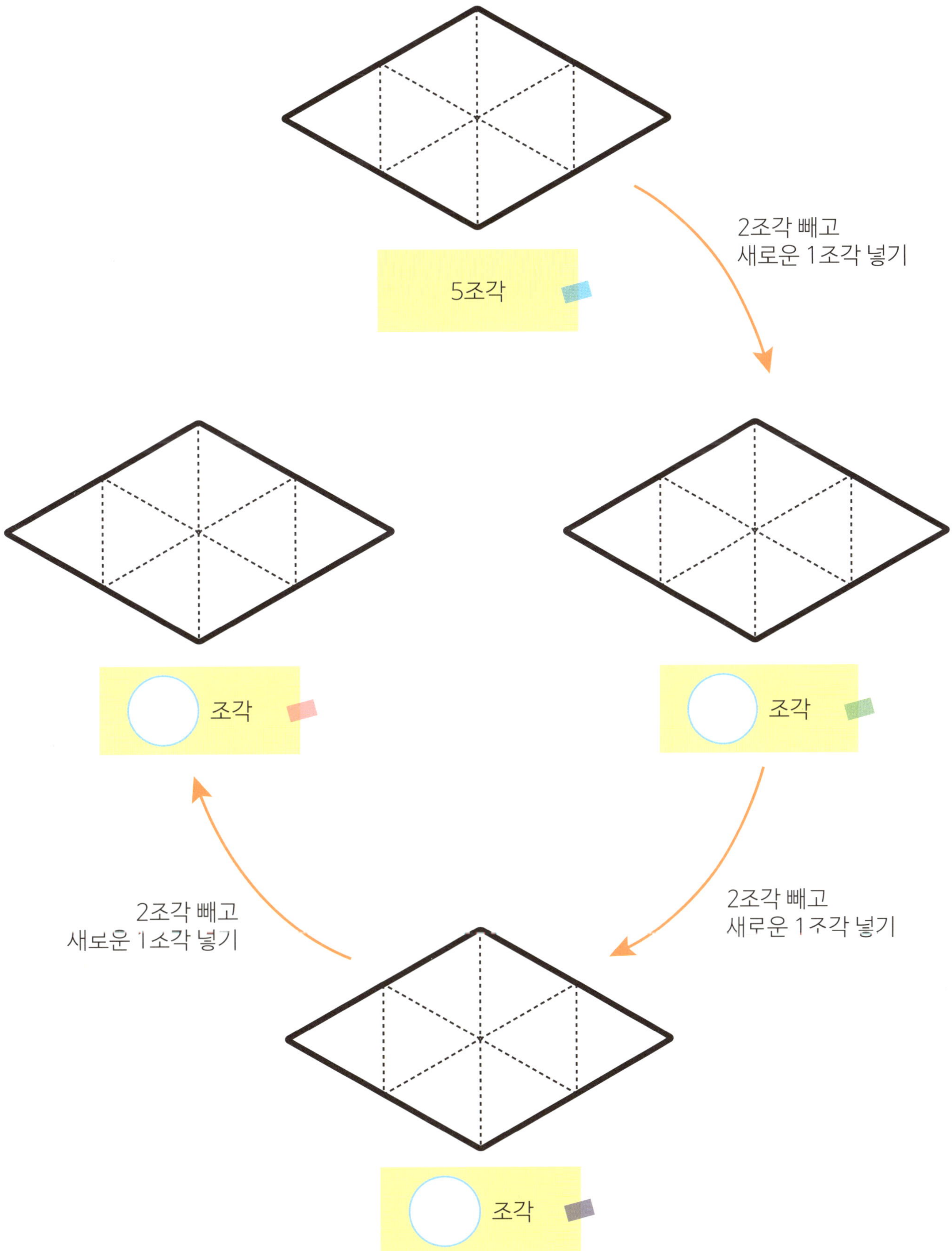

7. 덧셈식 쓰기 1

△, ◆, ⏢ 조각을 사용하여 다음 모양을 맞추고, 크기를 덧셈식으로 나타내 보세요.

보기

△의 크기를 1이라고 약속합니다.

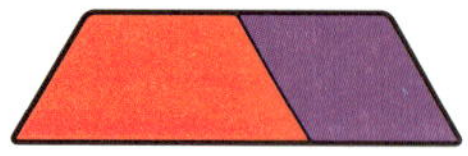

➡ 3 + 2 = 5

□ + □ = □

□ + □ = □

△, ◆, ▲ 조각을 사용하여 다음 모양을 맞추고, 크기를 덧셈식으로 나타내 보세요.

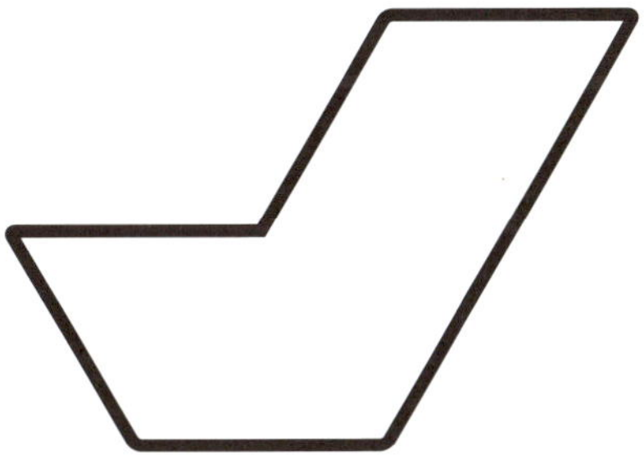

□ + □ = □

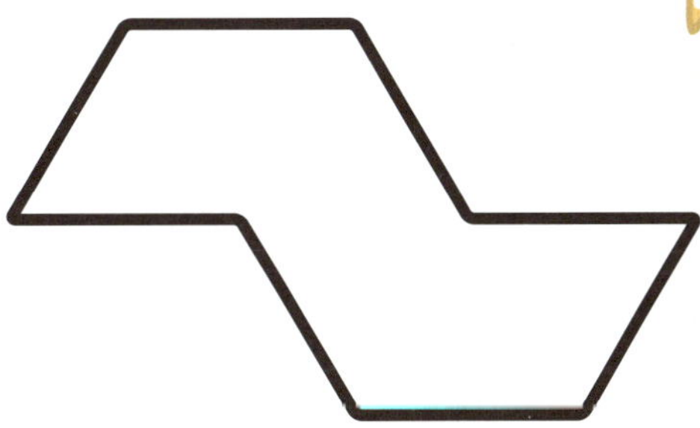

□ + □ + □ = □

8. 덧셈식 쓰기 2

크기가 8인 모양을 여러 가지 덧셈식으로 나타내 보세요.

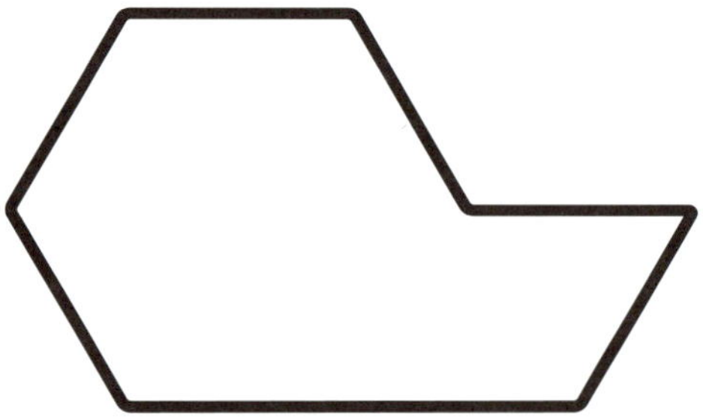

□ + □ = 8

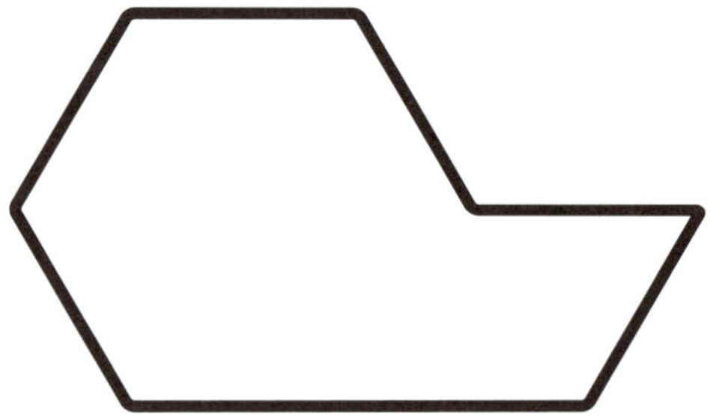

□ + □ = 8

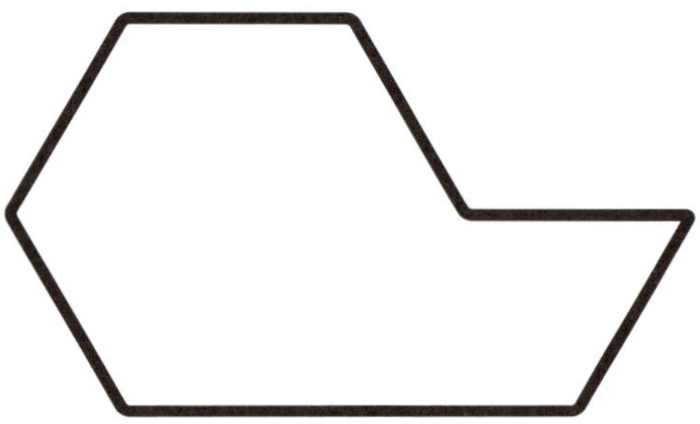

□ + □ + □ = 8

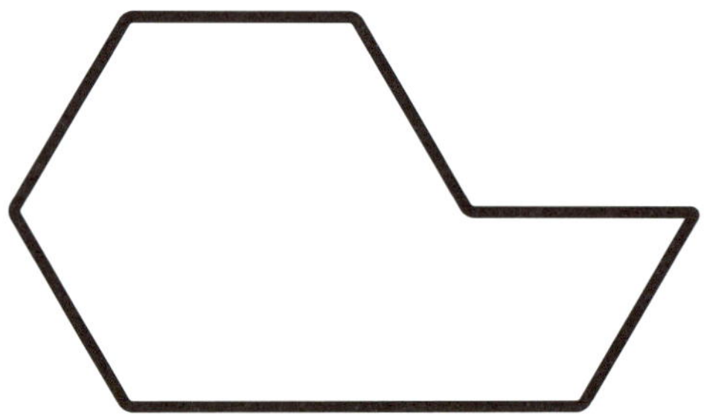

□ + □ + □ = 8

크기가 10인 모양을 여러 가지 덧셈식으로 나타내 보세요.

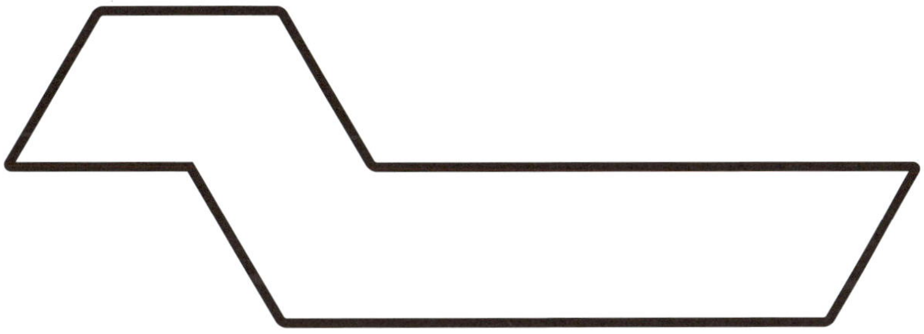

□ + □ = 10

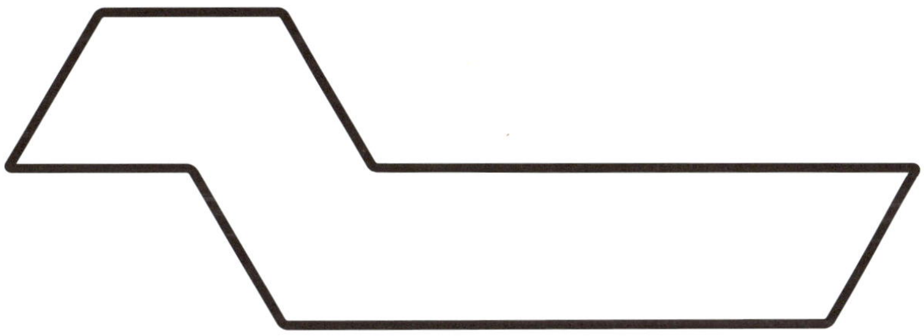

□ + □ = 10

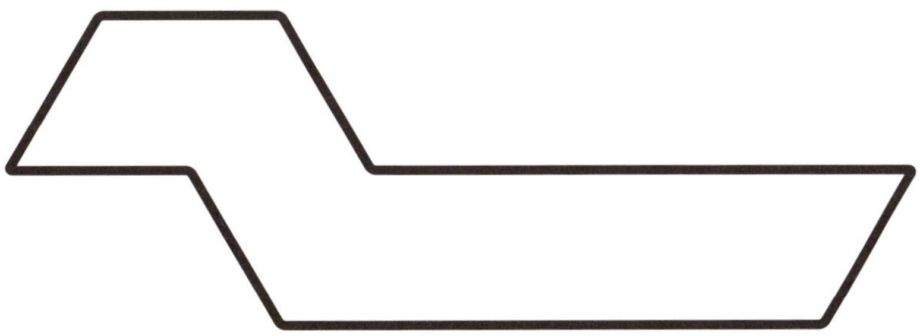

□ + □ + □ = 10

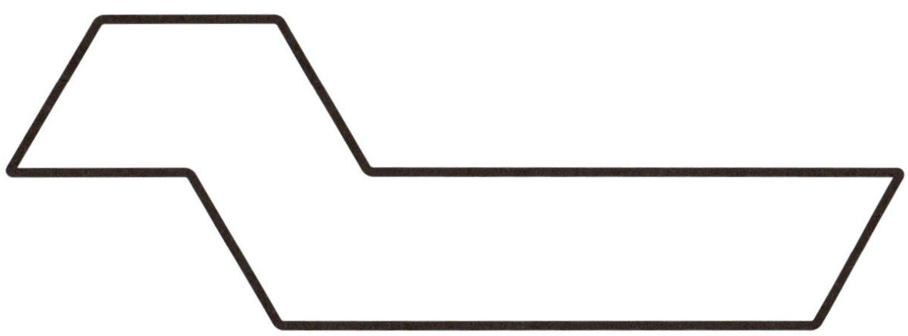

□ + □ + □ = 10

9. 덧셈식 쓰기 3

주어진 모양을 동시에 맞추고 크기를 구해보세요.

보기

△의 크기를 1이라고 약속합니다.

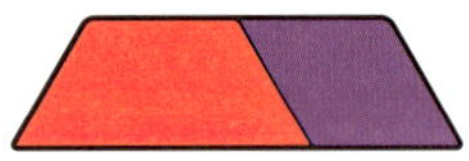

3 + 2 = 5

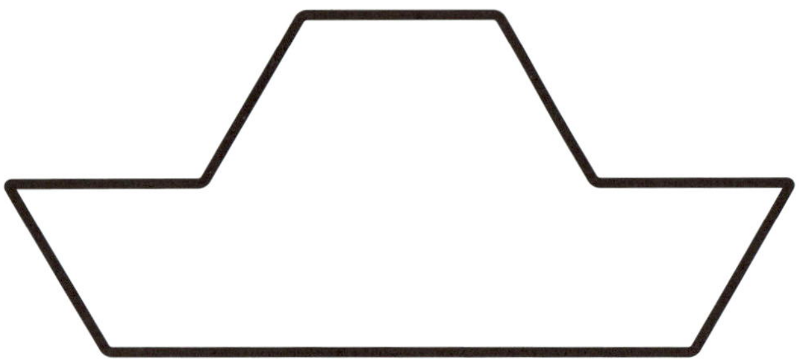

□ + □ = □

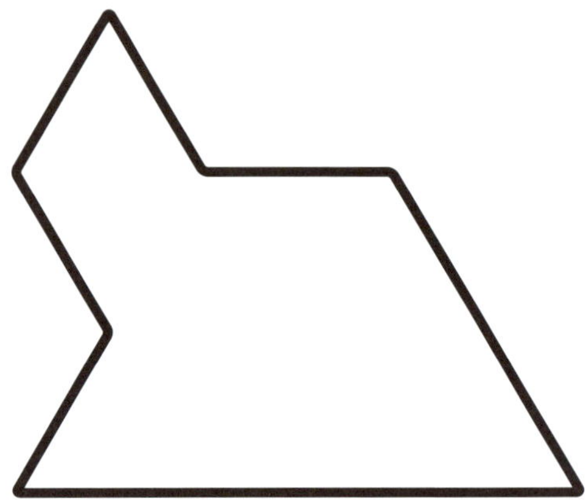

□ + □ = □

□ + □ + □ = □

티칭 가이드 이 책에서 동시에 맞춘다는 의미는 흰색, 빨간색을 제외한 다른 조각은 중복해서 사용할 수 없음을 의미합니다.

주어진 모양을 동시에 맞추고 크기를 구해보세요.

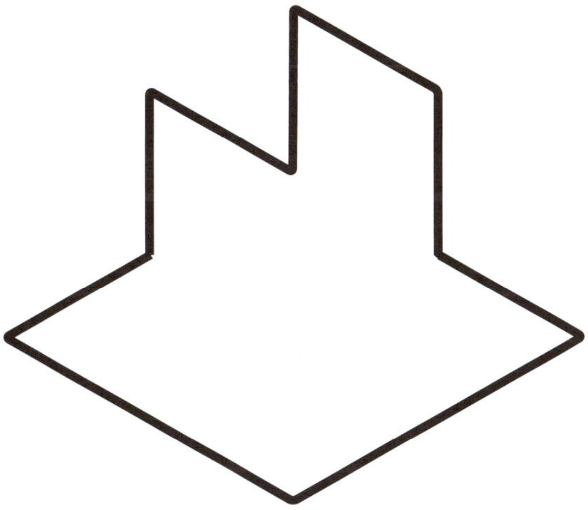

□ + □ = □

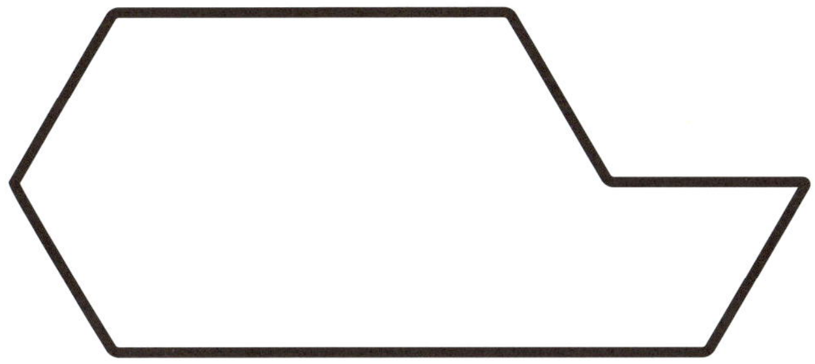

□ + □ + □ = □

□ + □ + □ + □ = □

재미있는 모양을 맞추어 보세요. 이때, 흰색 정삼각형은 사용하지 않습니다.

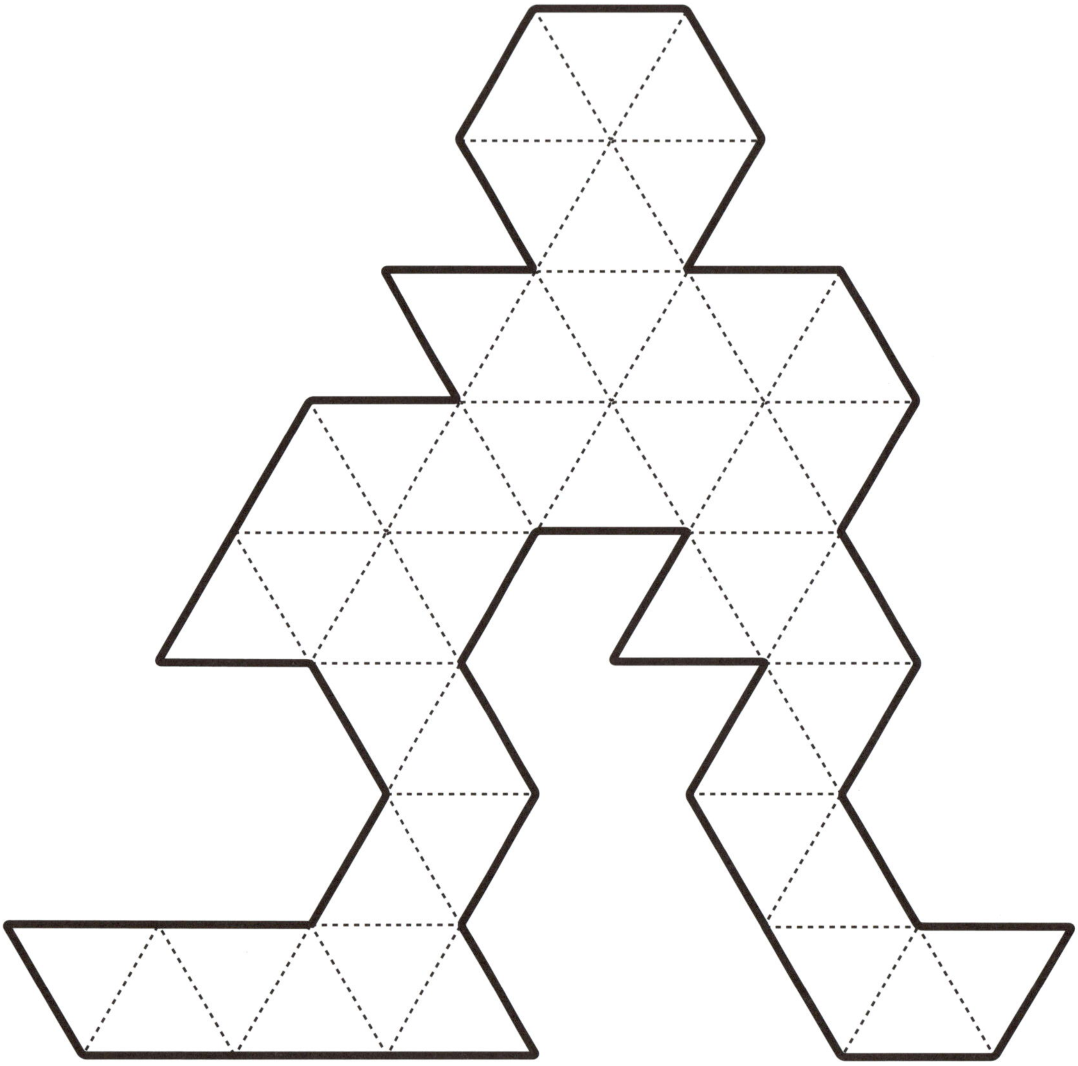

다음 모양을 맞추어 보세요. 이때, 흰색 정삼각형은 사용하지 않습니다.

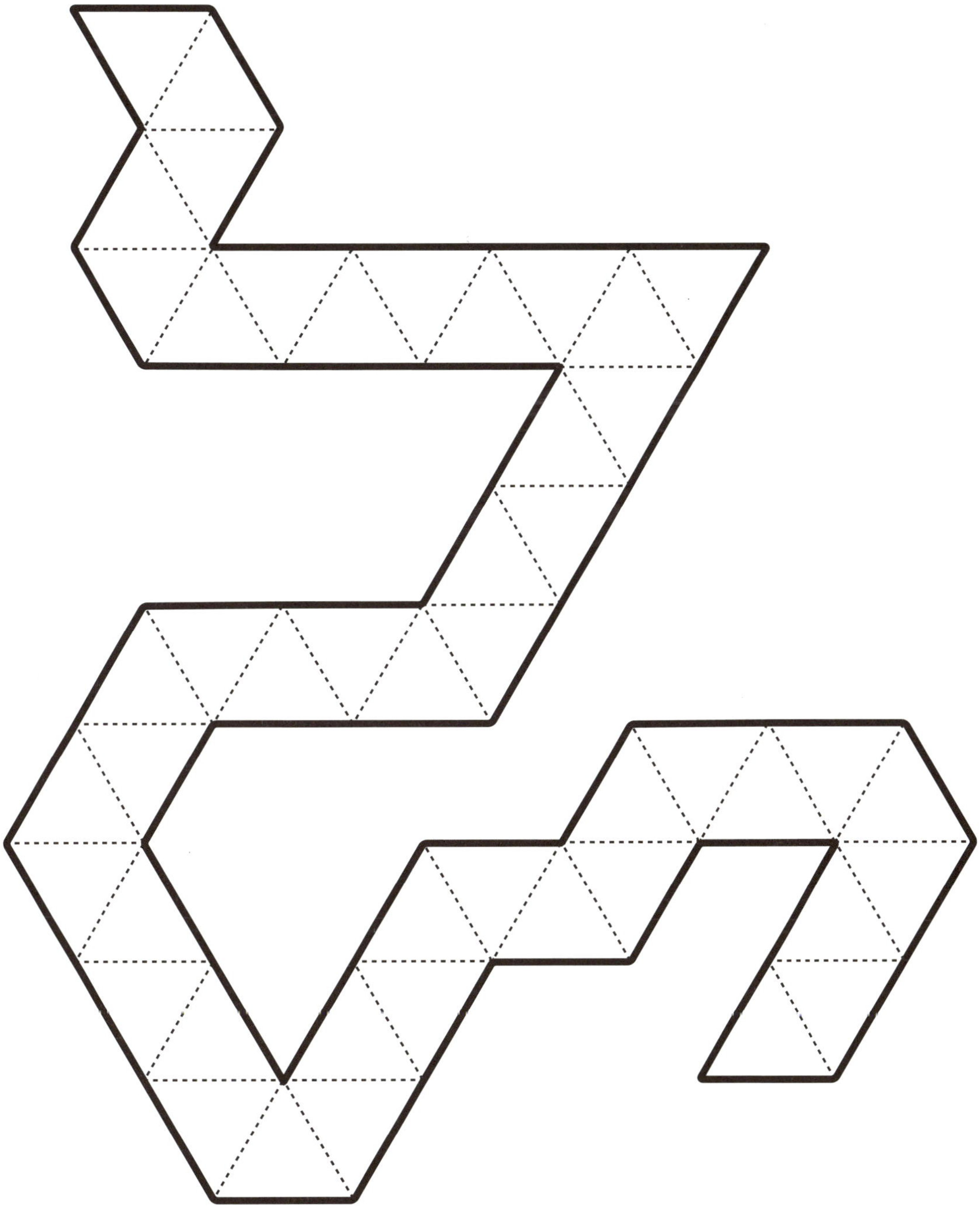

다음 모양을 맞추어 보세요. 이때, 흰색 정삼각형은 사용하지 않습니다.

다음 모양을 맞춰보세요. 이때, 흰색 정삼각형은 사용하지 않습니다.

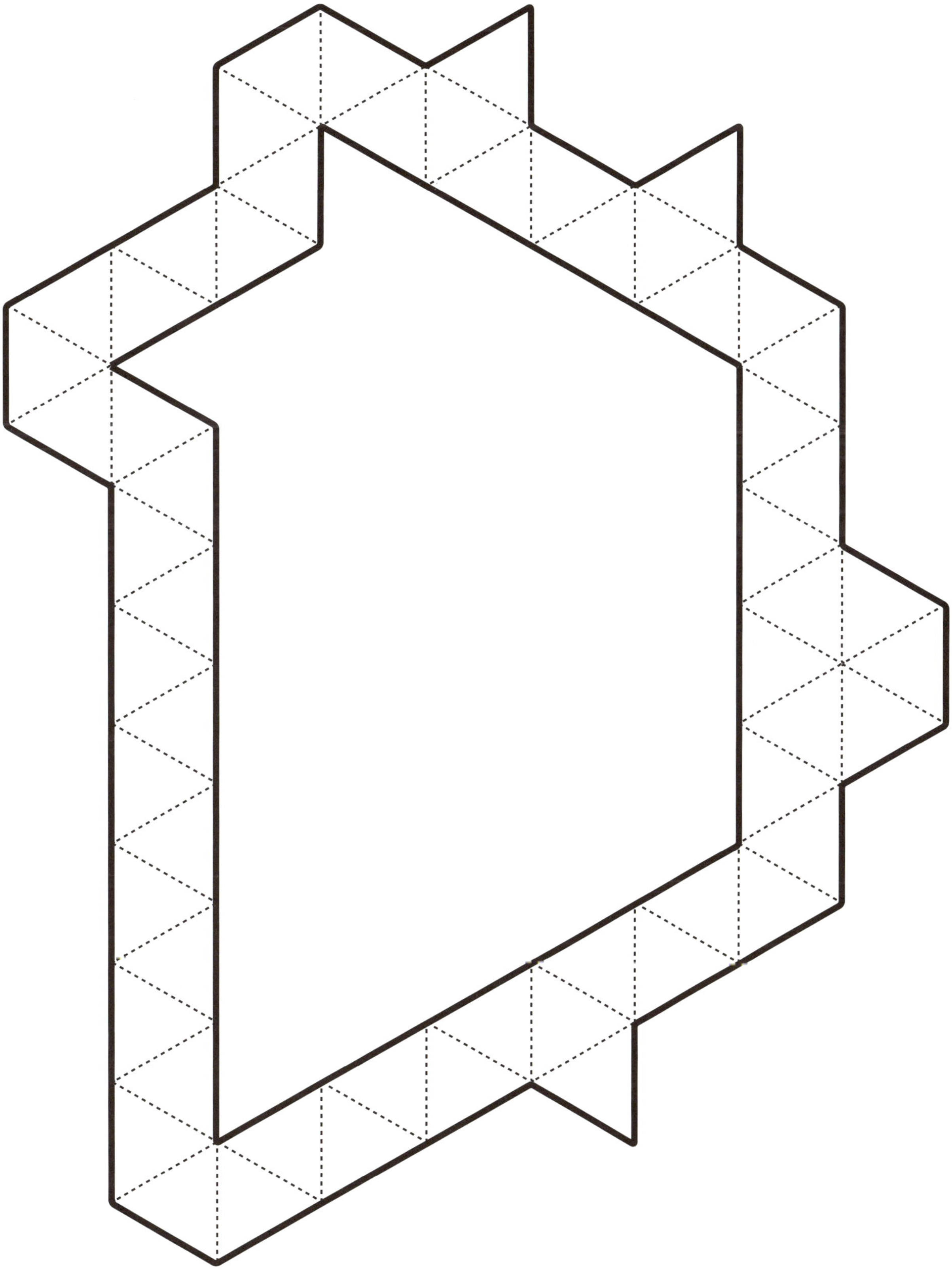

12. 둘레 익히기

주어진 조각의 둘레를 구해보세요.

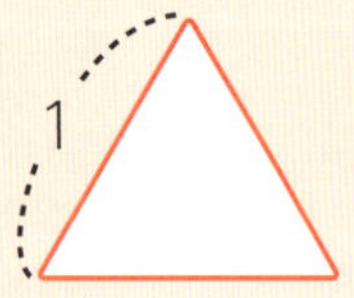

도형을 둘러싼 선의 길이를 둘레라고 합니다.
정삼각형의 둘레는 3입니다.

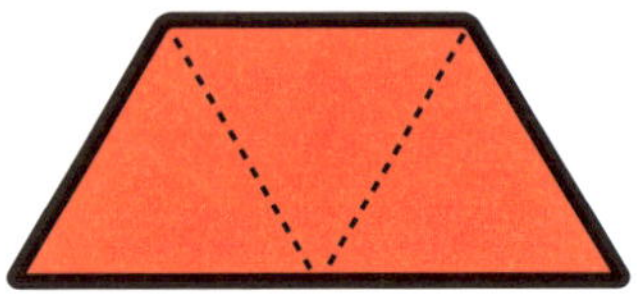

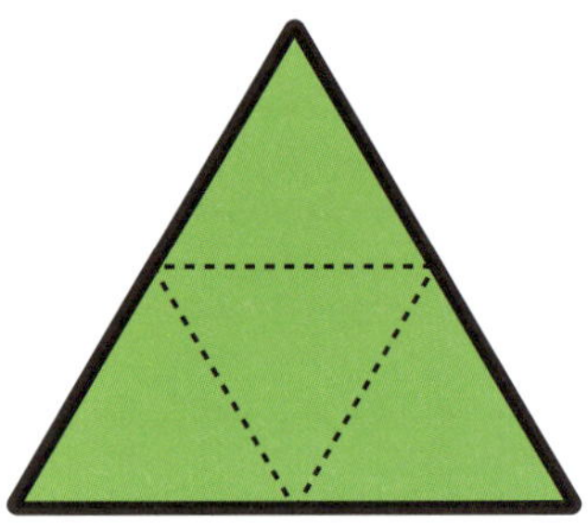

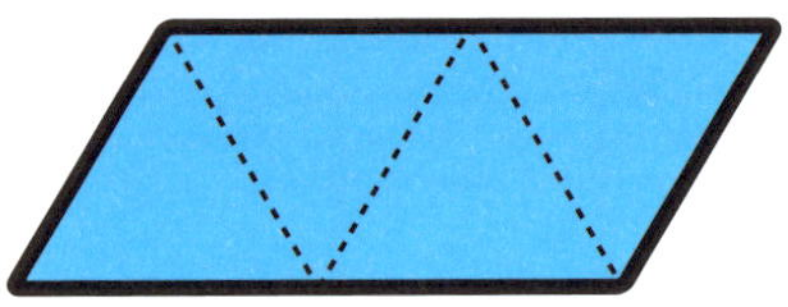

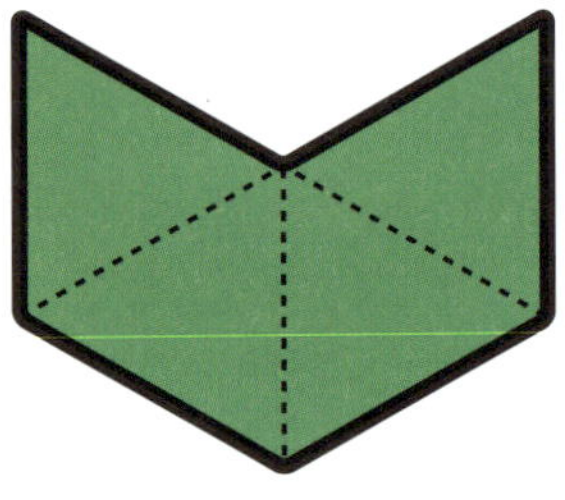

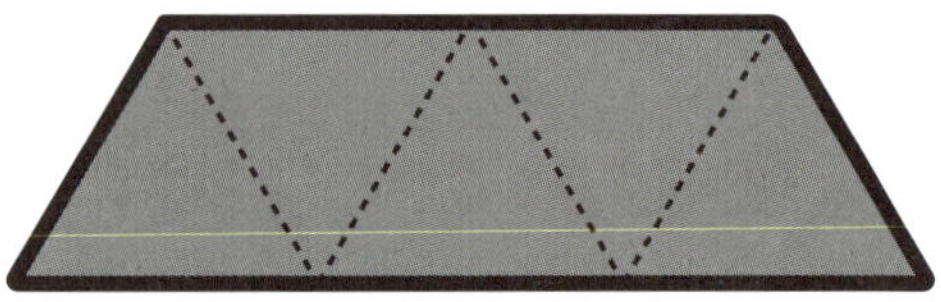

주어진 조각의 둘레를 구해보세요.

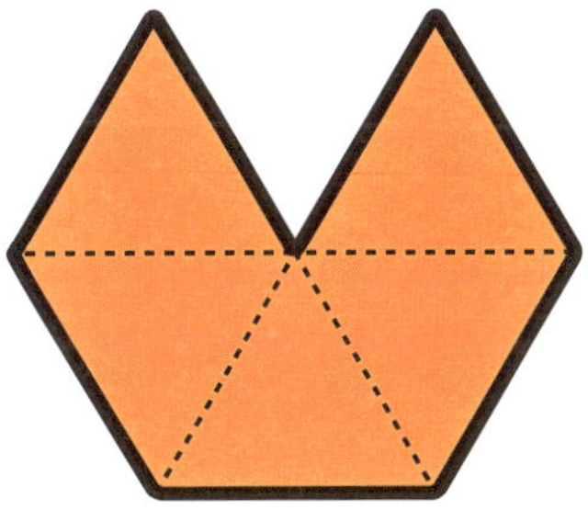

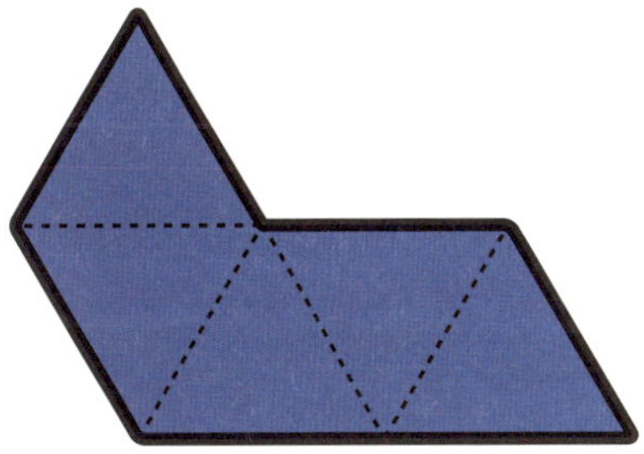

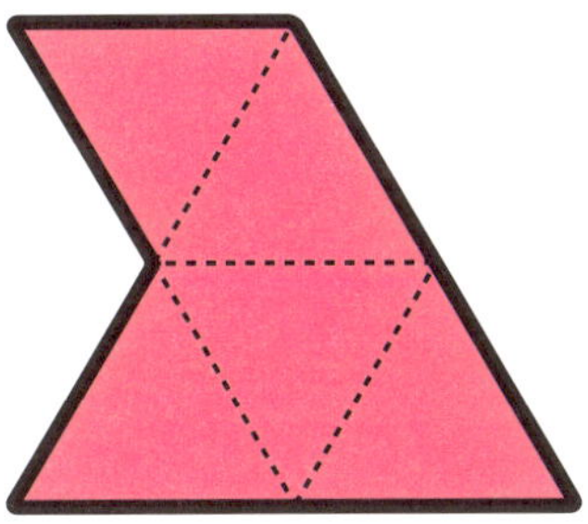

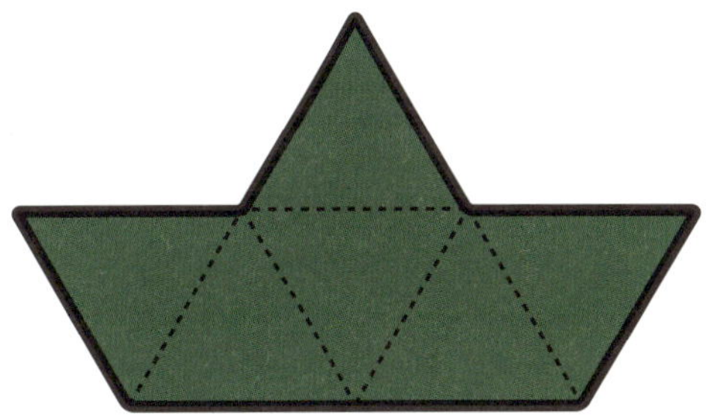

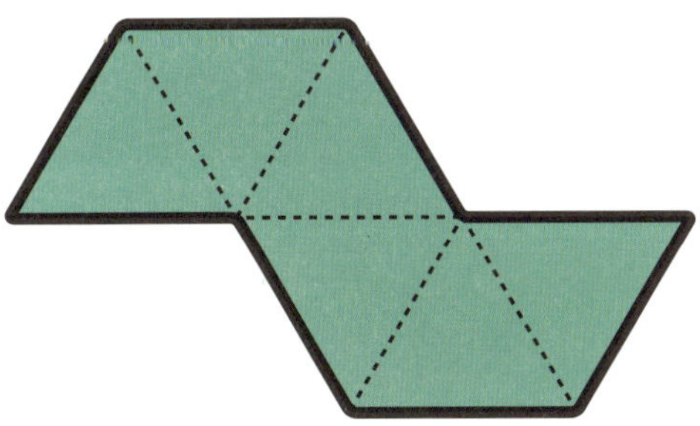

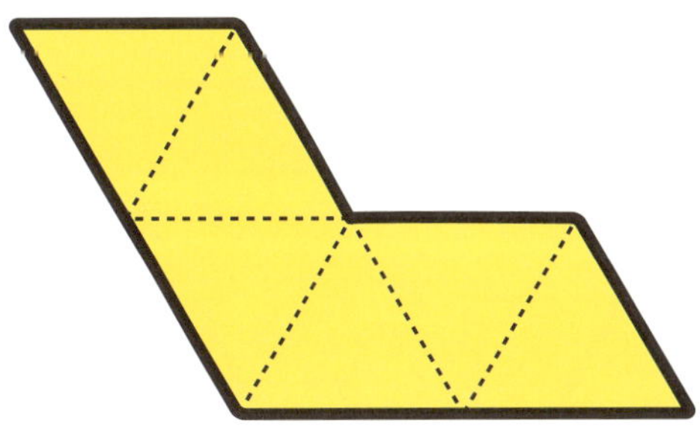

13. 둘레 구하기

측정

다음 모양을 모두 2조각으로 맞추고 맞춘 모양의 둘레를 구해보세요.

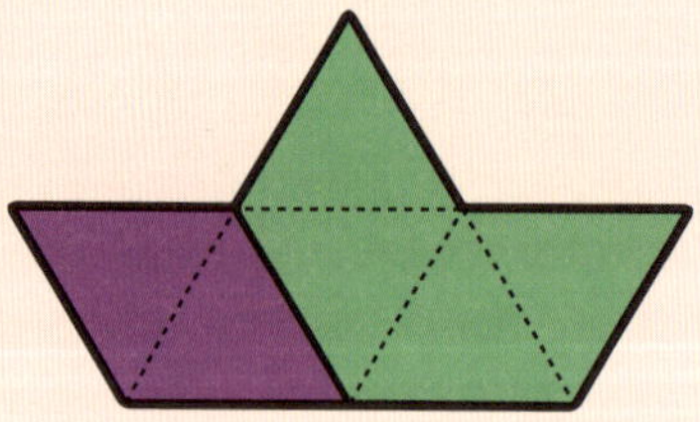

8

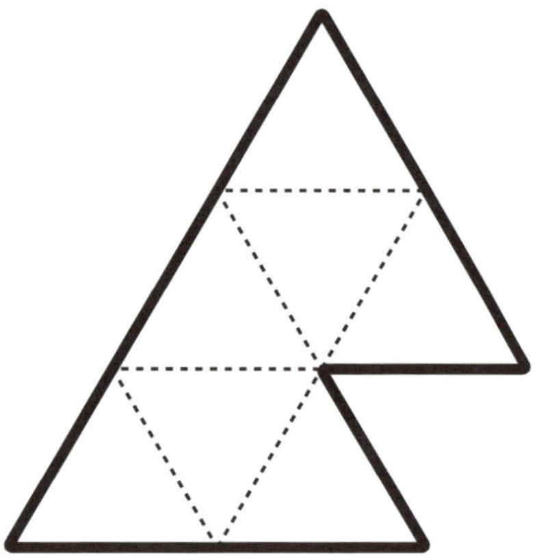

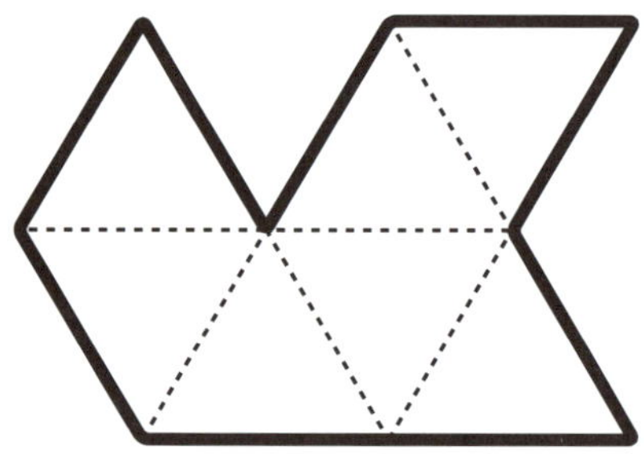

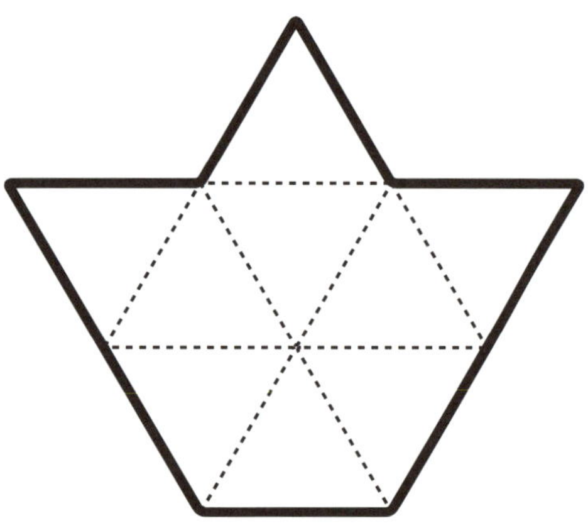

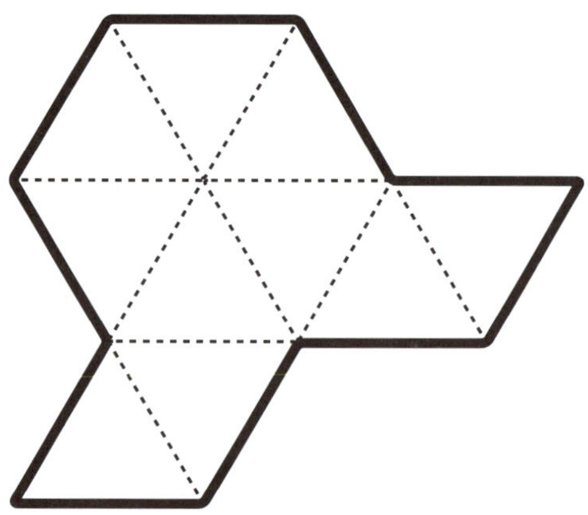

다음 모양을 모두 2조각으로 맞추고 맞춘 모양의 둘레를 구해보세요.

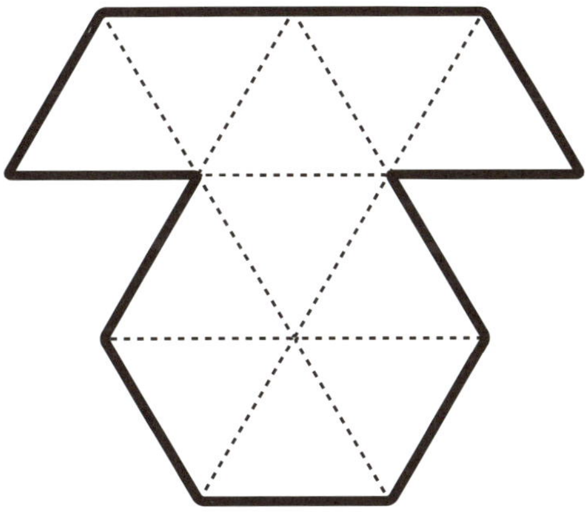

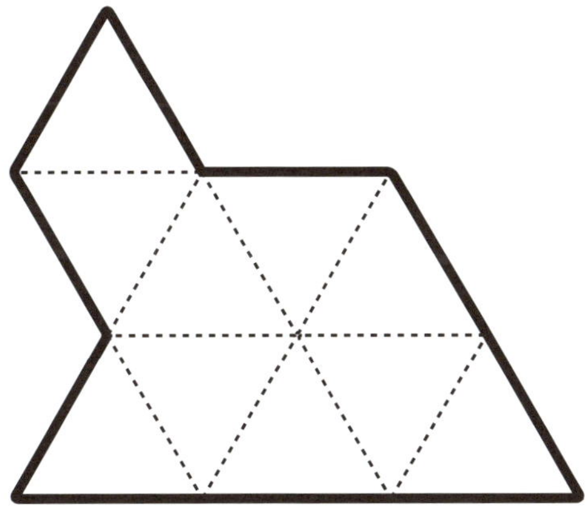

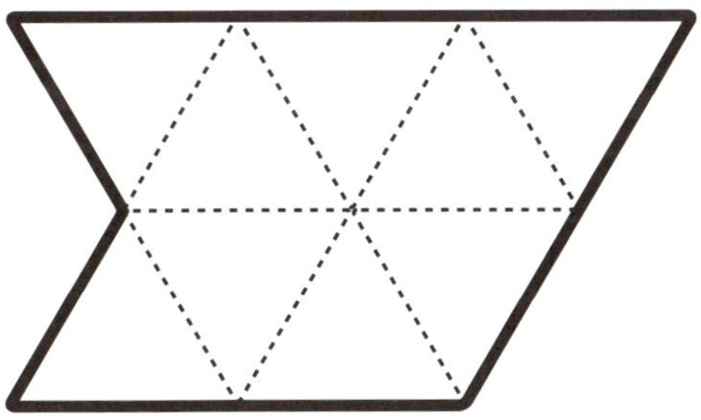

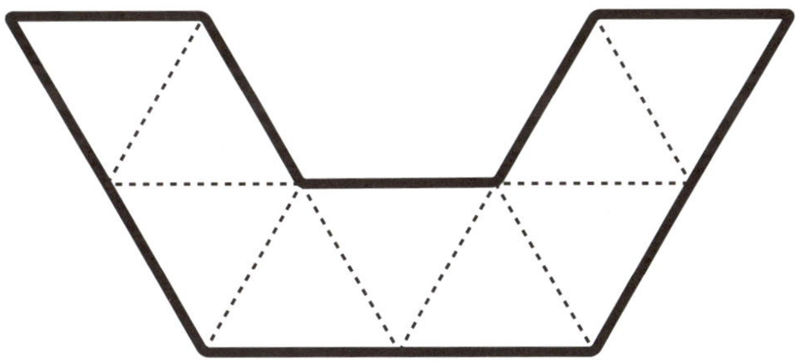

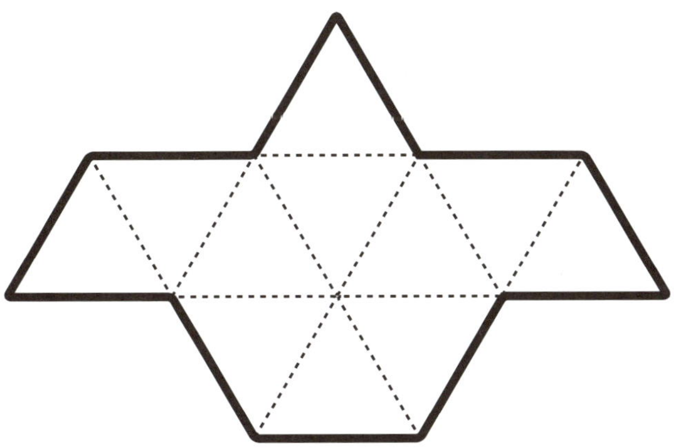

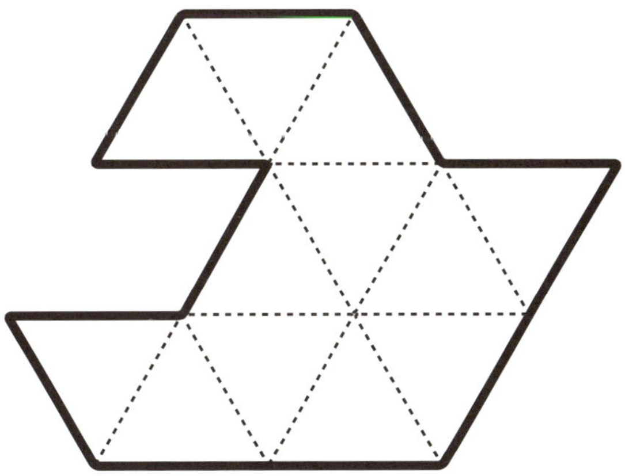

두 모양을 합쳐서 아래 모양을 맞추고, 둘레를 구해보세요.

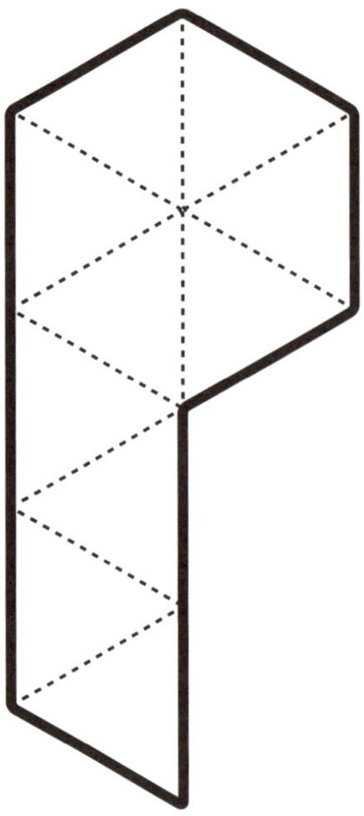

둘레 : ____________________

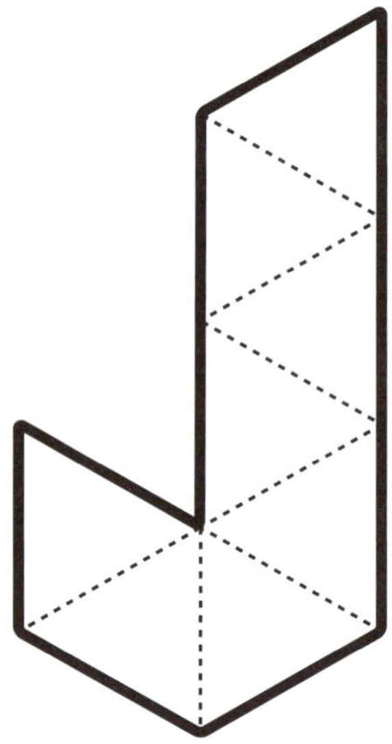

둘레 : ____________________

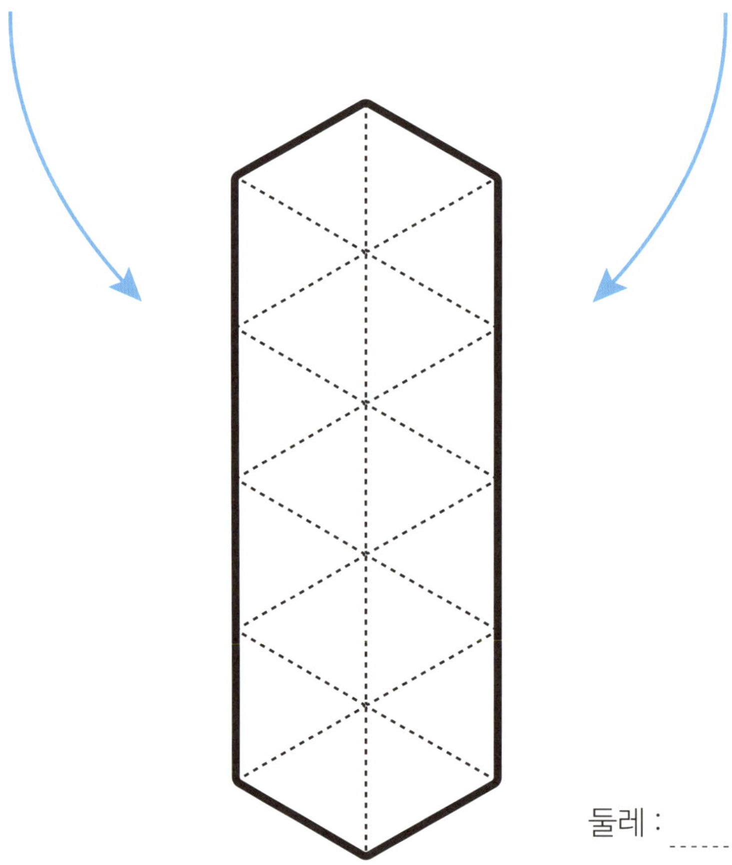

둘레 : ____________________

두 모양을 합쳐서 아래 모양을 맞추고, 둘레를 구해보세요.

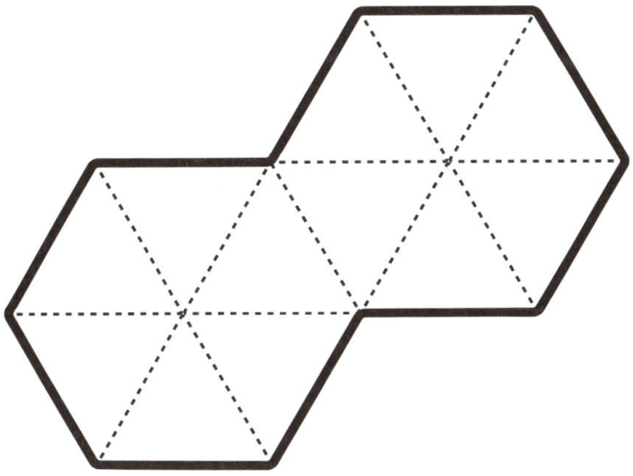

둘레 : ____________

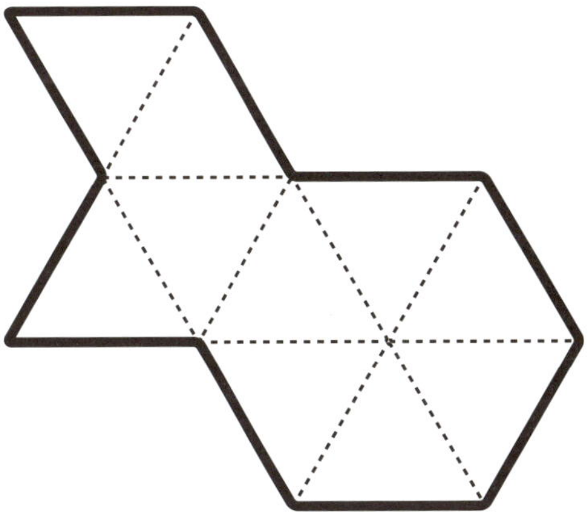

둘레 : ____________

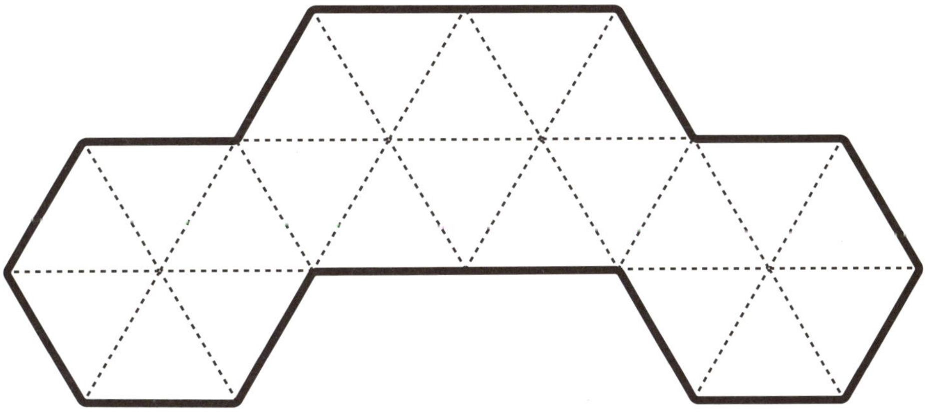

둘레 : ____________

여러 가지 모양의 몬스터 왕관을 만들어 보세요.

여러 가지 모양의 몬스터 왕관을 만들어 보세요.

16. 조건에 맞는 모양 맞추기 3

도형

조건에 맞게 다음 삼각형을 맞추어 보세요.

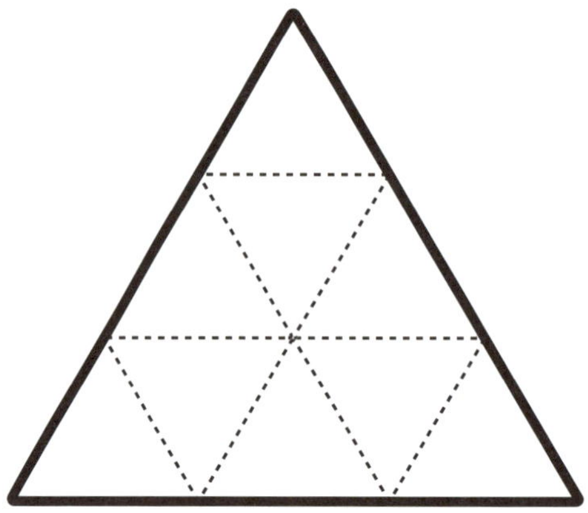

2조각

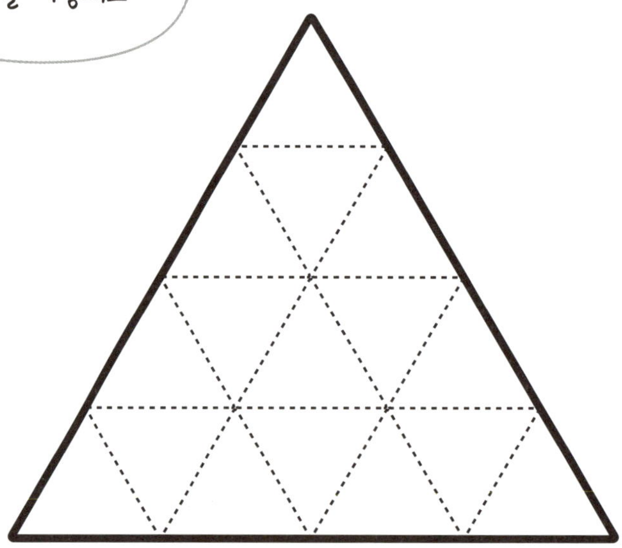

4조각

조건에 맞게 다음 삼각형을 맞추어 보세요.

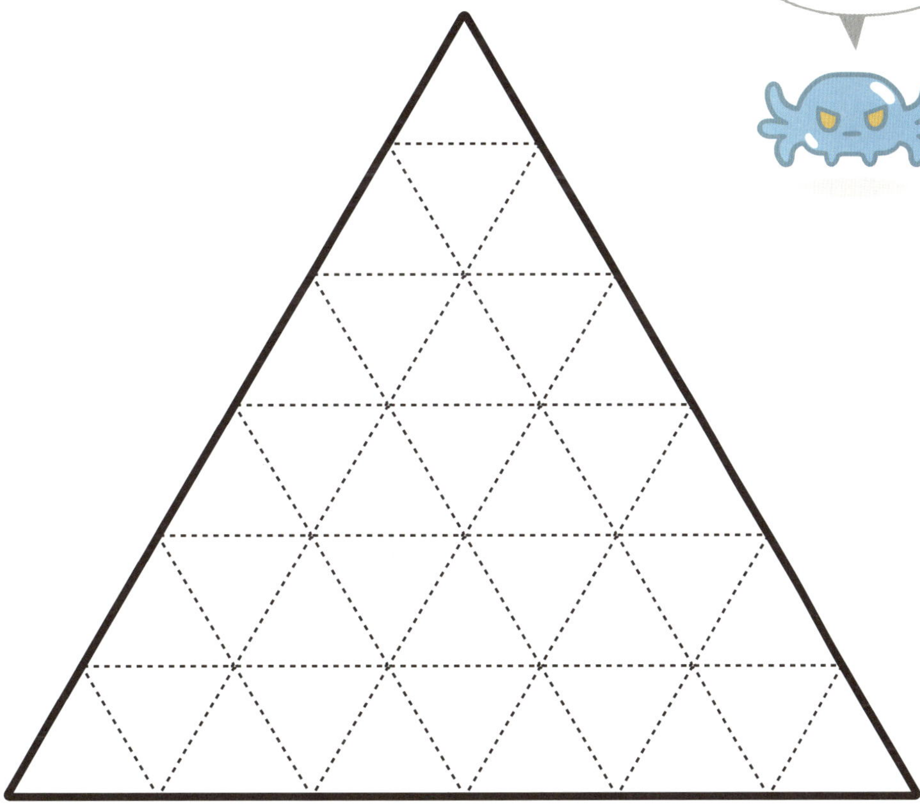

8조각

17. 크기가 같은 모양 맞추기 2

제시한 조각으로 모양을 각각 맞춰보세요.

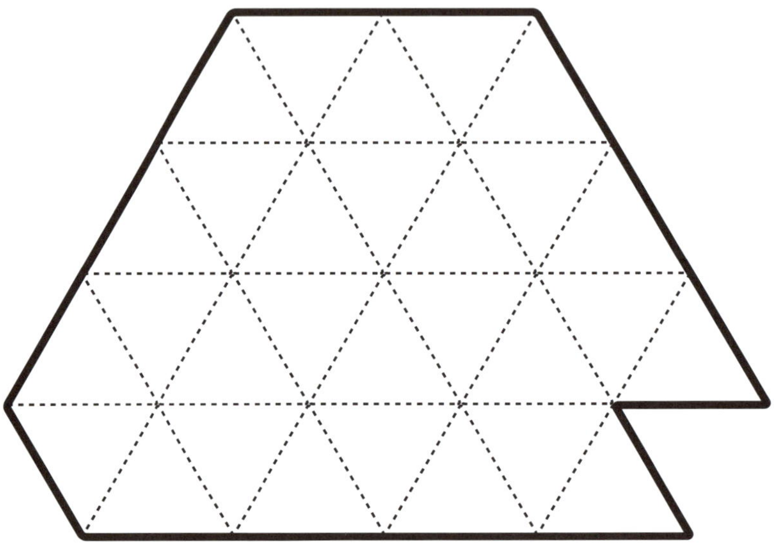

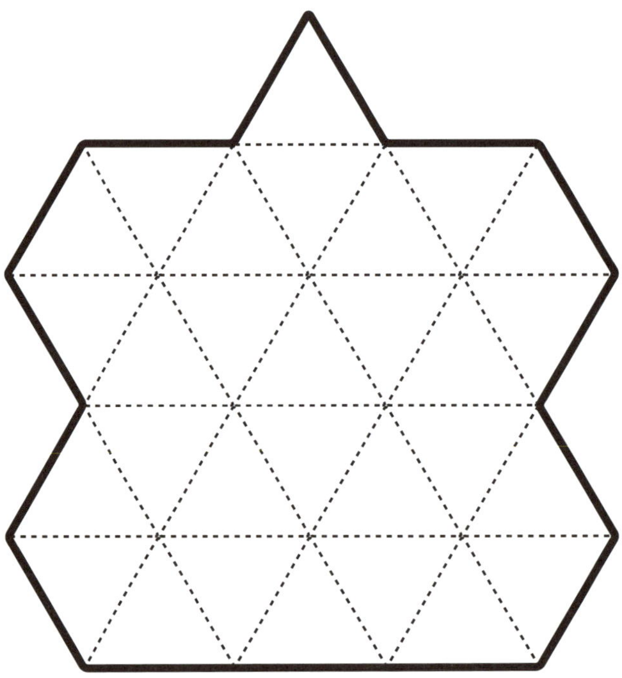

제시한 조각으로 모양을 각각 맞춰보세요.

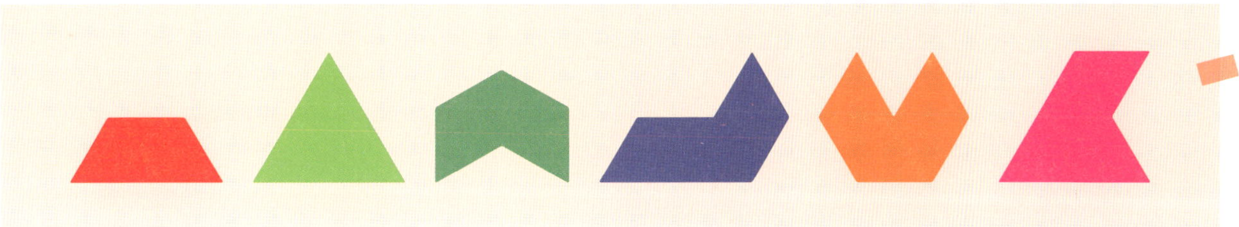

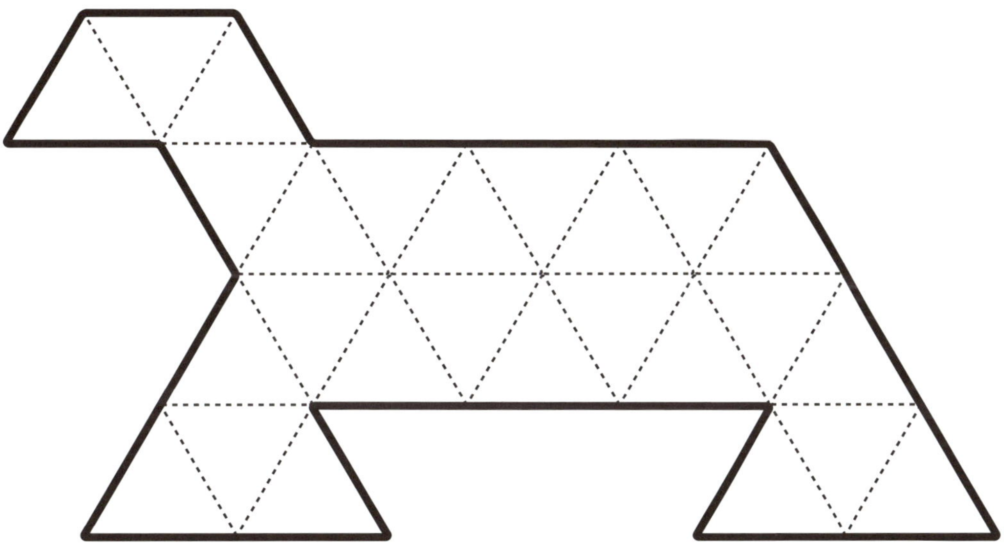

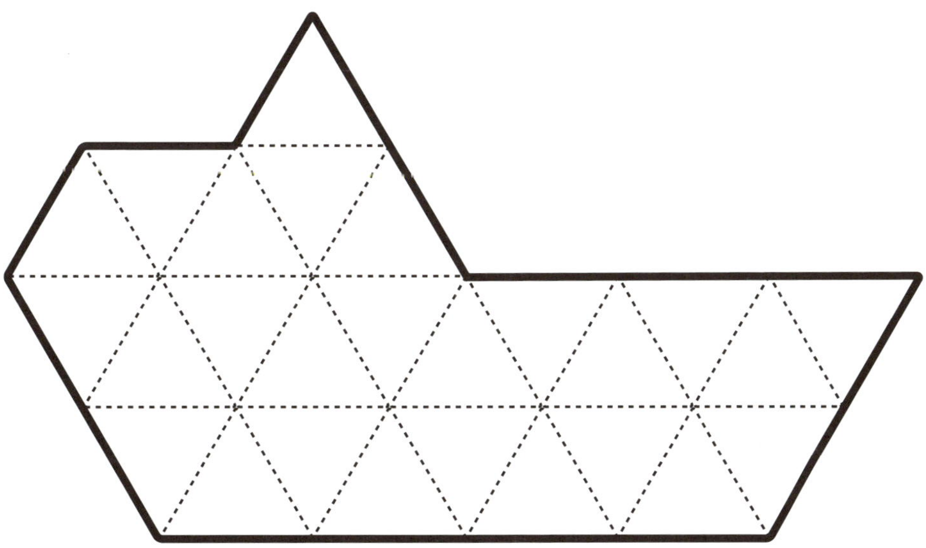

18. 동시에 맞추기

다음 모양을 동시에 맞추어 보세요.

6조각

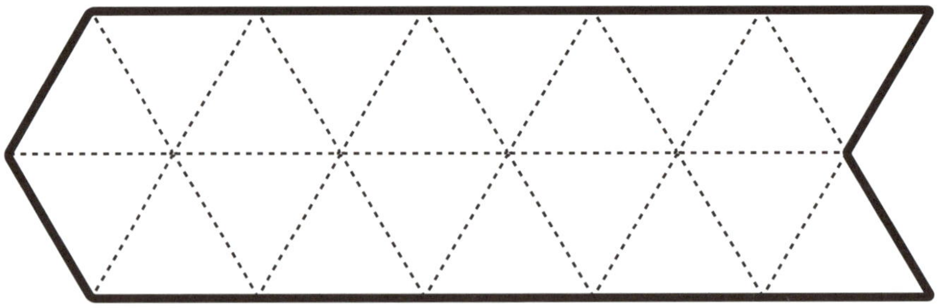

6조각

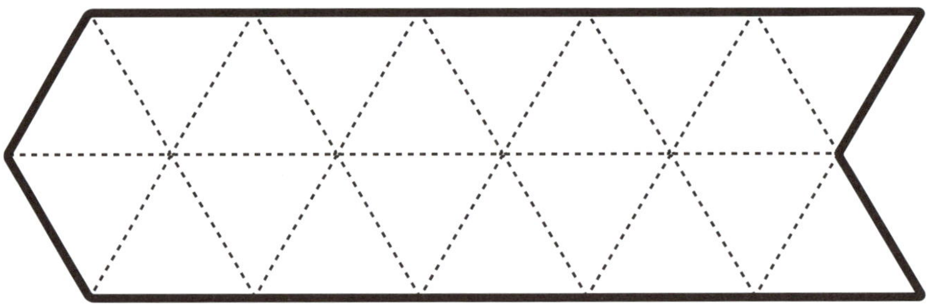

6조각

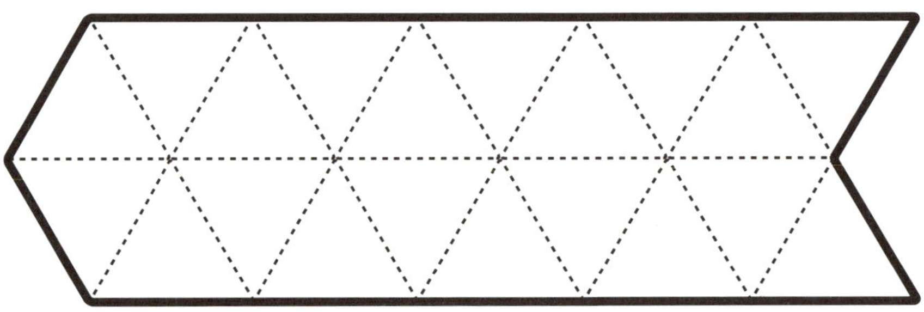

다음 모양을 동시에 맞추어 보세요.

4조각

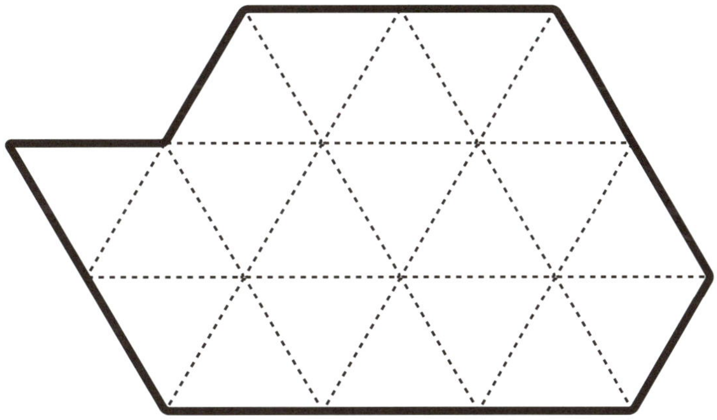

5조각

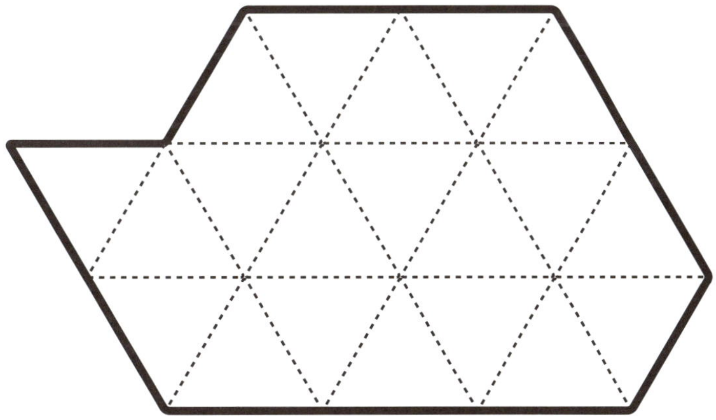

6조각

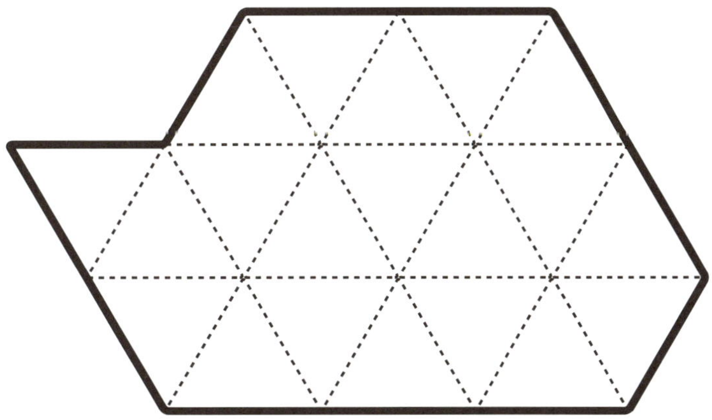

티칭 가이드 이 책에서 동시에 맞춘다는 의미는 흰색, 빨간색을 제외한 다른 조각은 중복해서 사용할 수 없음을 의미합니다.

다음 모양을 맞추어 보세요. 이때, 흰색 정삼각형은 사용하지 않습니다.

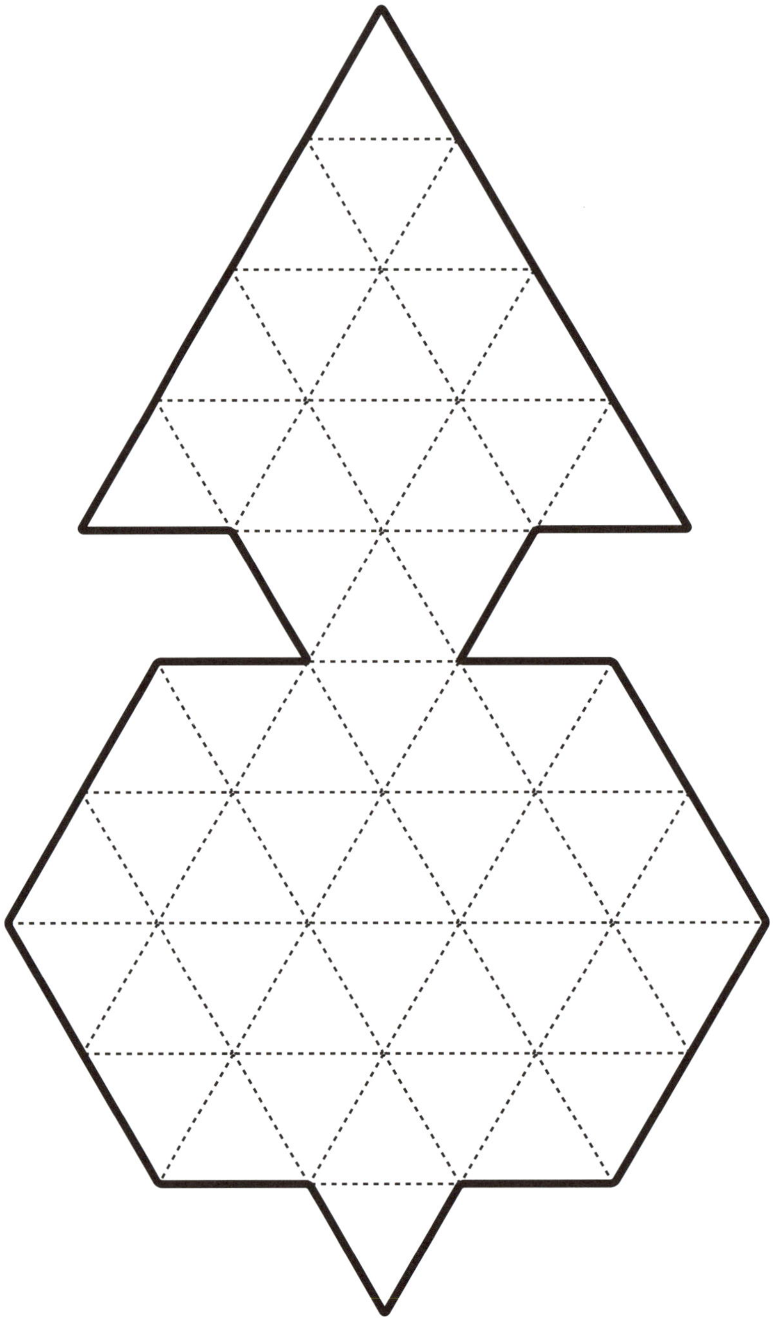

다음 모양을 맞추어 보세요. 이때, 흰색 정삼각형은 사용하지 않습니다.

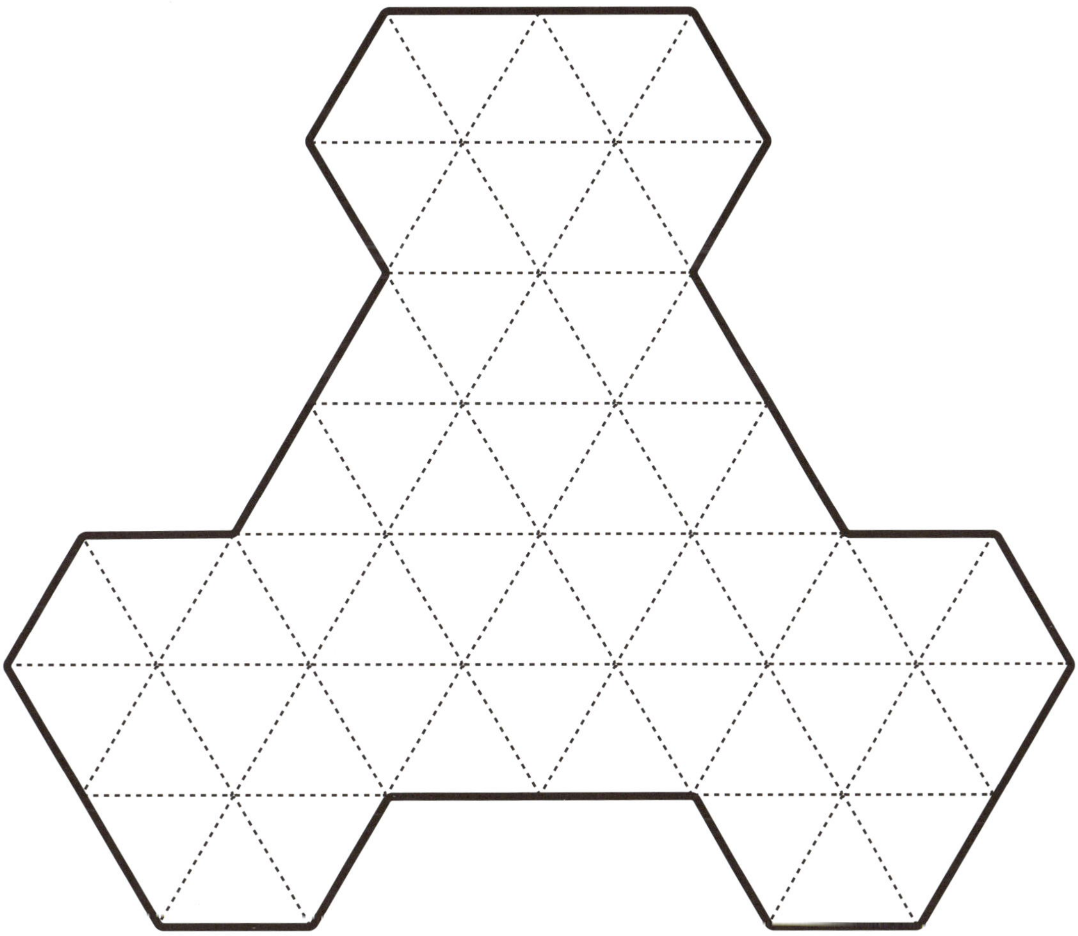

20. 재미있는 모양 맞추기 3

다음 모양을 맞추어 보세요. 이때, 같은 색 조각은 변끼리 만나지 않습니다.

다음 모양을 맞추어 보세요. 이때, 같은 색 조각은 변끼리 만나지 않습니다.

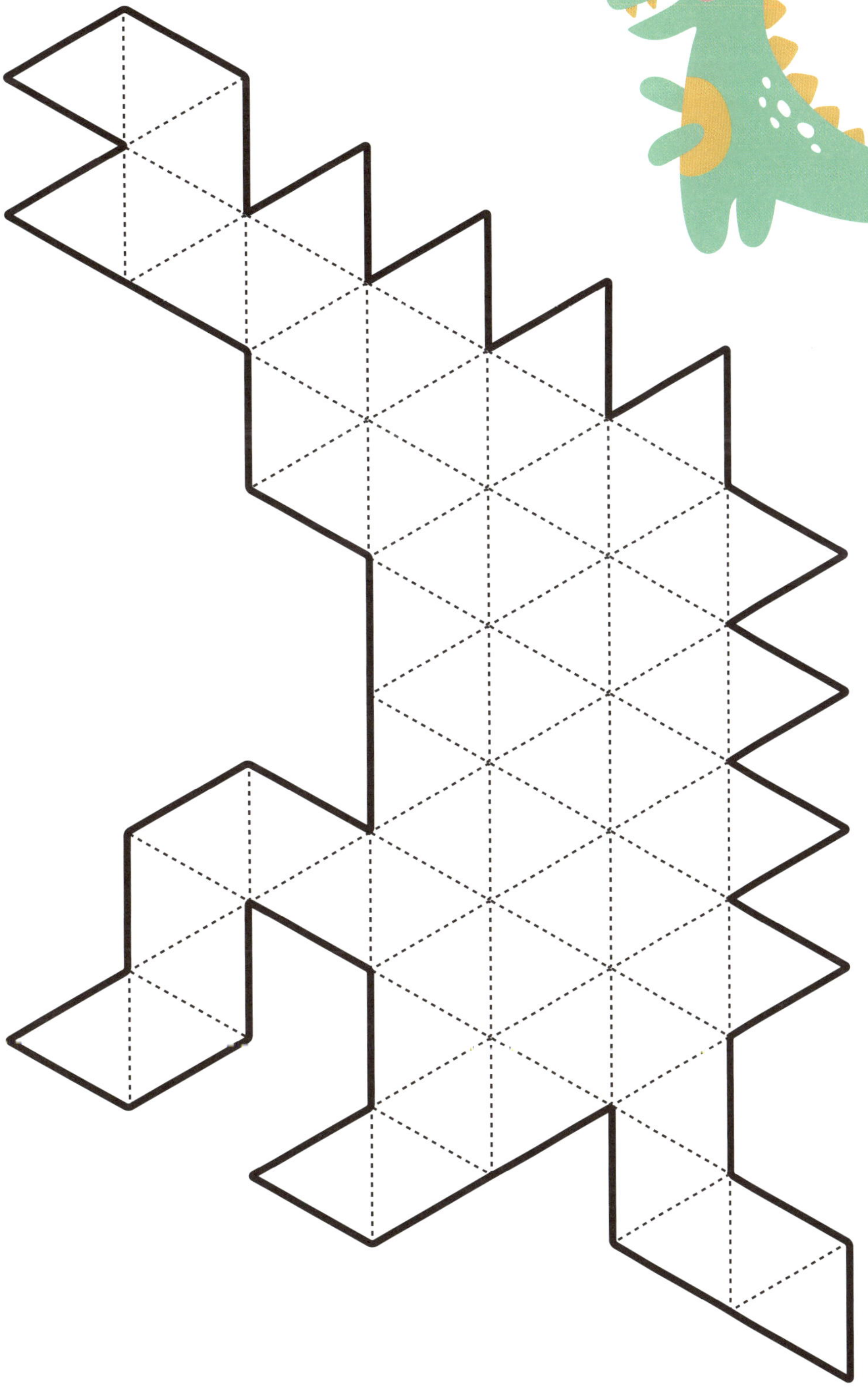

정답 제시된 방법 외에 다양한 답이 나올 수 있습니다.

p.6

1. 폴리아몬드 구성 알기

도형

같은 조각을 찾아 올려놓고, 이름을 정해보세요.

작은 세모
(작은 정삼각형)

사다리
(사다리꼴)

보석
(마름모)

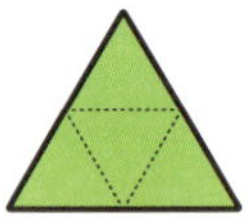

큰 세모
(큰 정삼각형)

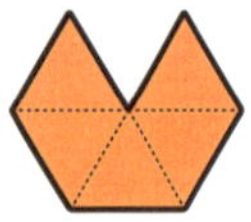

여우

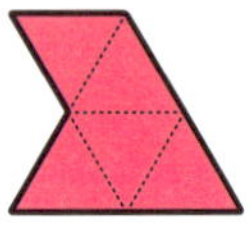

상어

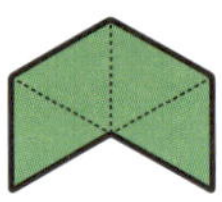

비행기

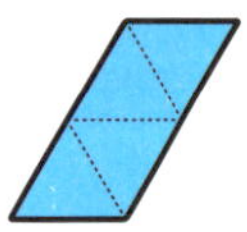

평행사변형

p.7

교구 탐색

같은 조각을 찾아 올려놓고, 이름을 정해보세요.

왕관

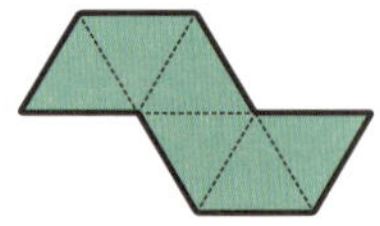

애벌레

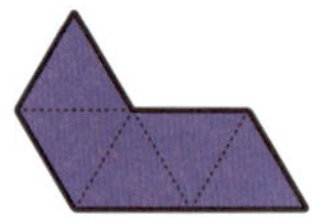

사자

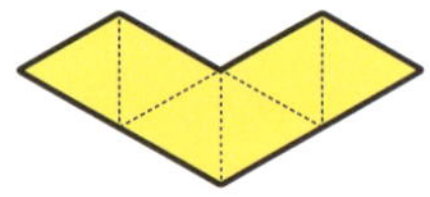

갈매기

배

티칭 가이드 조각들을 보고 재미있는 이름을 지어봅니다.

p.8

2. 크기 약속하기

측정

△의 크기를 1이라고 약속합니다. 다음 모양을 작은 삼각형으로 맞추고 크기를 쓰세요.

 = 1

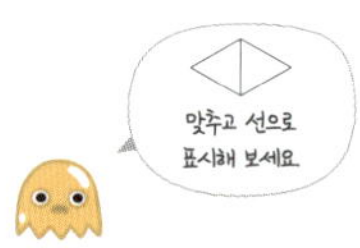

2

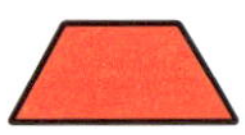

3

4

5

4

5

p.9

교구 탐색

다음 모양을 작은 삼각형으로 맞추고 크기를 쓰세요.

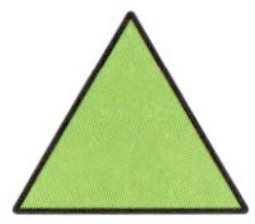

4

5

5

6

6

6

제시된 방법 외에 다양한 답이 나올 수 있습니다.

p.10

3. 크기 분류

측정

△의 크기를 1이라고 약속합니다. 다음과 같은 기준으로 조각을 분류하고 격자판에 올려놓은 후 그려보세요.

크기가 1인 조각 | 크기가 2인 조각 | 크기가 3인 조각

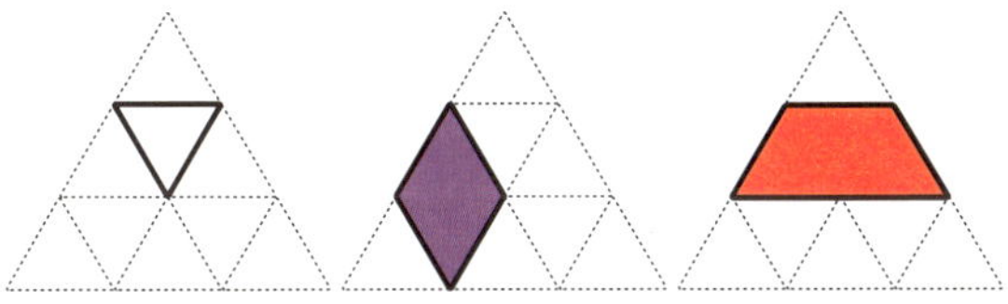

6개 | 2개

크기가 4인 조각

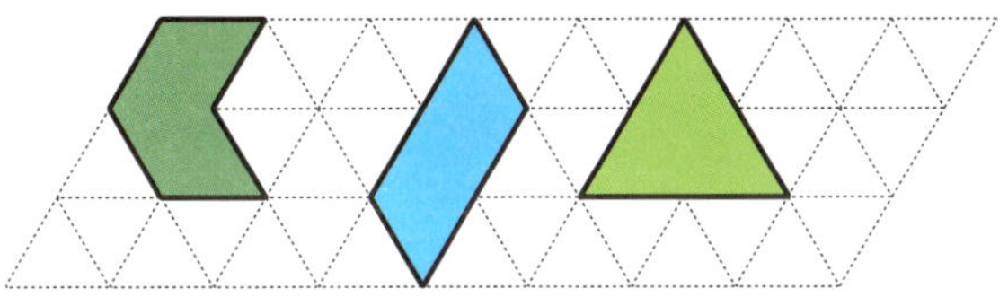

p.11

교구탐색

다음과 같은 기준으로 조각을 분류하고 격자판에 올려놓은 후 그려보세요.

크기가 5인 조각

크기가 6인 조각

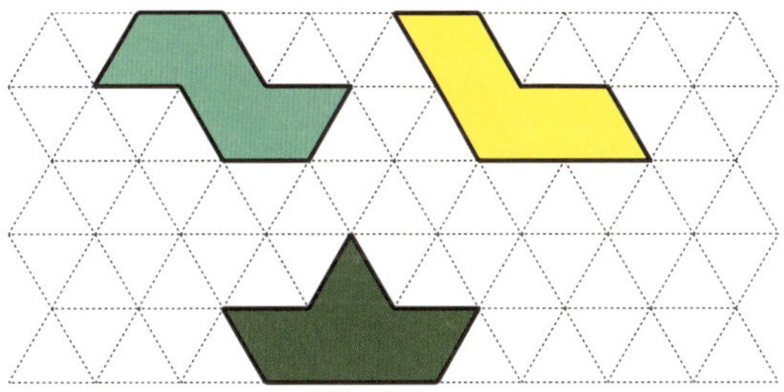

p.12

4. 폴리아몬드 게임

도형

다음의 방법으로 게임을 해봅니다.

게임방법

1. 가위, 바위, 보로 순서를 정합니다.
2. 주사위에 나온 수와 같은 크기의 폴리아몬드 조각을 찾아 올려놓습니다.
3. 번갈아가며 주사위를 던집니다.
4. 더 이상 놓을 수 없으면 지는 게임입니다.

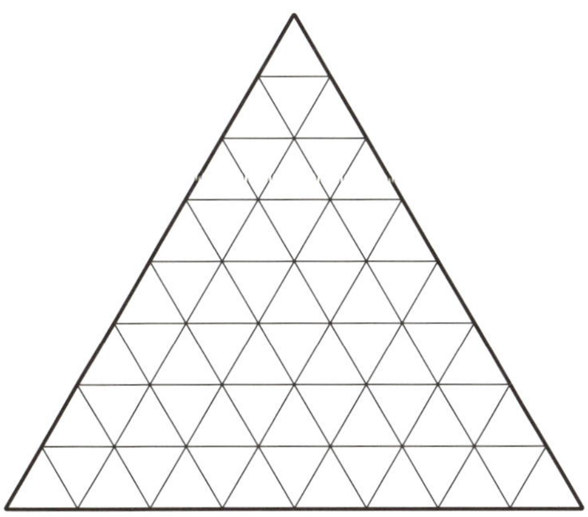

p.13

게임

다음의 방법으로 게임을 해봅니다.

게임방법

1. 가위, 바위, 보로 순서를 정합니다.
2. 주사위에 나온 수와 같은 크기의 폴리아몬드 조각을 찾아 올려놓습니다.
3. 번갈아가며 주사위를 던집니다.
4. 더 이상 놓을 수 없으면 지는 게임입니다.

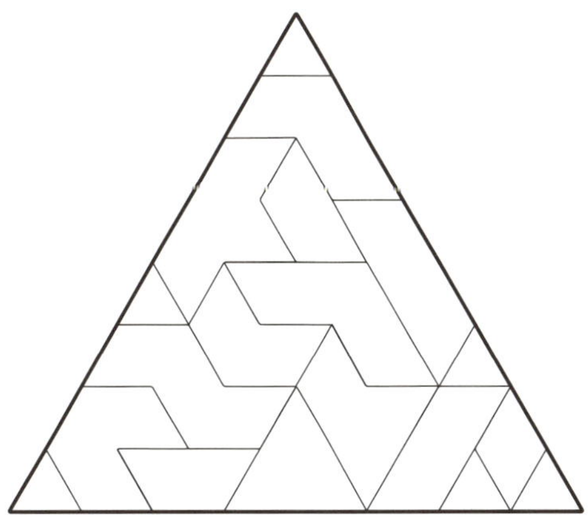

티칭 가이드 가정에서 6점 주사위를 준비해 주세요.

정답 제시된 방법 외에 다양한 답이 나올 수 있습니다.

p.14

5. 조건에 맞는 모양 맞추기 1

도형

다음 모양을 조건에 맞게 맞추어 보세요.

조건에 맞게 모양을 맞추고 무슨 모양인지 이야기해 보자!

14 조이풀에듀 CHALLENGE STEP 1

p.15

모양 맞추기

다음 모양을 조건에 맞게 맞추어 보세요.

폴리아몬드 15

p.16

6. 크기가 같은 모양 맞추기 1

도형

크기가 같은 삼각형을 조건대로 맞추고, ○ 안에 알맞은 답을 쓰세요.

맞추고 선으로 표시해 보세요

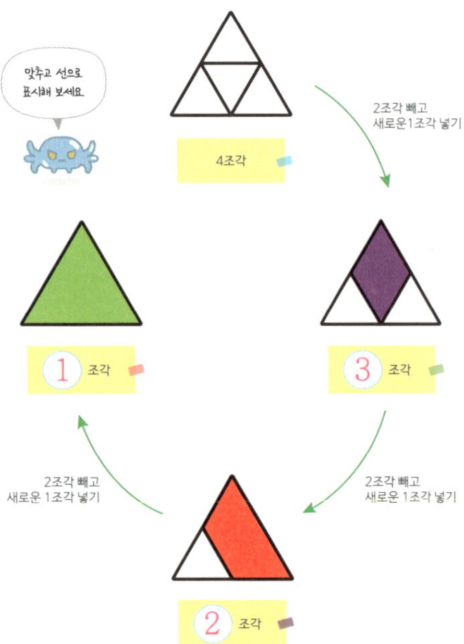

16 조이풀에듀 CHALLENGE STEP 1

p.17

문제해결

크기가 같은 마름모를 조건대로 맞추고, ○ 안에 알맞은 답을 쓰세요.

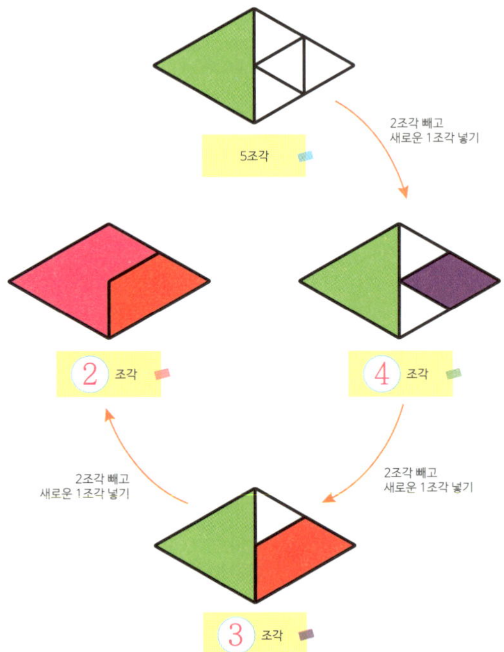

폴리아몬드 17

제시된 방법 외에 다양한 답이 나올 수 있습니다.

p.18

7. 덧셈식 쓰기 1

수와 연산

△, ◆, ▲ 조각을 사용하여 다음 모양을 맞추고, 크기를 덧셈식으로 나타내 보세요.

보기

△의 크기를 1이라고 약속합니다.

 ➡ 3 + 2 = 5

2 + 1 = 3

3 + 1 = 4

18 CHALLENGE STEP 1

p.19

덧셈식 쓰기

△, ◆, ▲ 조각을 사용하여 다음 모양을 맞추고, 크기를 덧셈식으로 나타내 보세요.

2 + 3 = 5

맞춘 조각의 크기를 □ 안에 쓰세요.

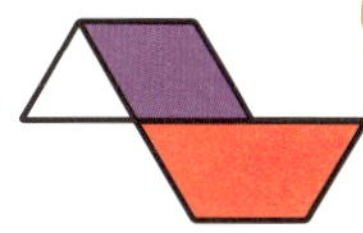

1 + 2 + 3 = 6

폴리아몬드 19

p.20

8. 덧셈식 쓰기 2

수와 연산

크기가 8인 모양을 여러 가지 덧셈식으로 나타내 보세요.

5 + 3 = 8

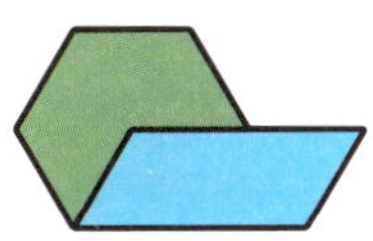

4 + 4 = 8

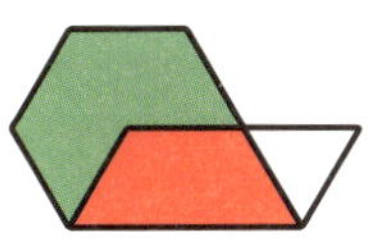

4 + 3 + 1 = 8

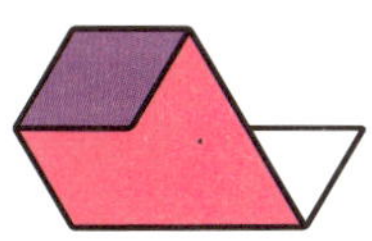

2 + 5 + 1 = 8

20 CHALLENGE STEP 1

p.21

덧셈식 쓰기

크기가 10인 모양을 여러 가지 덧셈식으로 나타내 보세요.

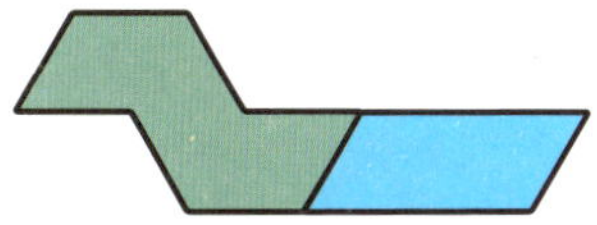

6 + 4 = 10

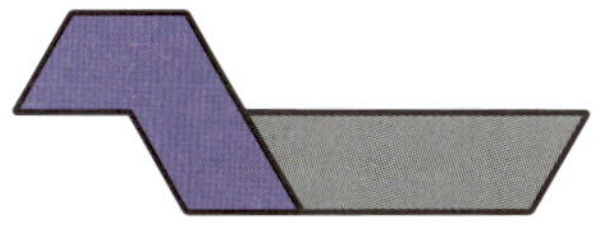

5 + 5 = 10

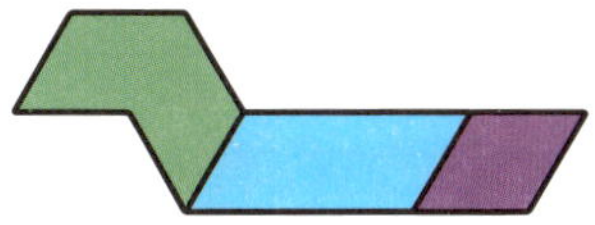

4 + 4 + 2 = 10

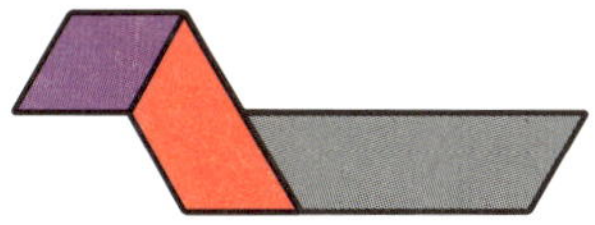

2 + 3 + 5 = 10

폴리아몬드 21

정답 제시된 방법 외에 다양한 답이 나올 수 있습니다.

p.22

9. 덧셈식 쓰기 3

수와 연산

주어진 모양을 동시에 맞추고 크기를 구해보세요.

보기

△의 크기를 1이라고 약속합니다.

 ➡ 3 + 2 = 5

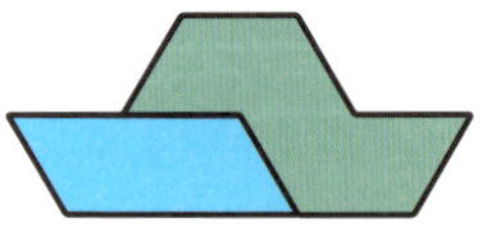

4 + 6 = 10

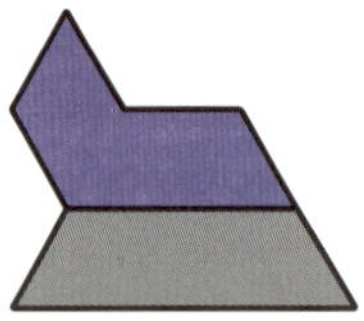

5 + 5 = 10

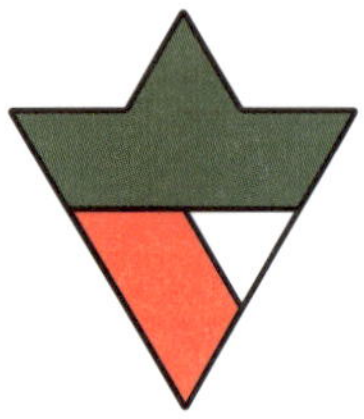

1 + 3 + 6 = 10

티칭 가이드 이 책에서 동시에 맞춘다는 의미는 흰색, 빨간색을 제외한 다른 조각은 중복해서 사용할 수 없음을 의미합니다.

p.23

덧셈식 쓰기

주어진 모양을 동시에 맞추고 크기를 구해보세요.

5 + 6 = 11

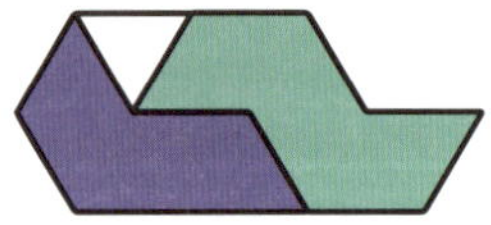

1 + 5 + 6 = 12

1 + 2 + 3 + 6 = 12

p.24

10. 재미있는 모양 맞추기 1

도형

재미있는 모양을 맞추어 보세요. 이때, 흰색 정삼각형은 사용하지 않습니다.

p.25

모양 맞추기

다음 모양을 맞추어 보세요. 이때, 흰색 정삼각형은 사용하지 않습니다.

제시된 방법 외에 다양한 답이 나올 수 있습니다.

p.26

11. 재미있는 모양 맞추기 2

도형

다음 모양을 맞추어 보세요. 이때, 흰색 정삼각형은 사용하지 않습니다.

26 CHALLENGE STEP 1

p.27

모양 맞추기

다음 모양을 맞춰보세요. 이때, 흰색 정삼각형은 사용하지 않습니다.

폴리아몬드 27

p.28

12. 둘레 익히기

측정

주어진 조각의 둘레를 구해보세요.

1 도형을 둘러싼 선의 길이를 둘레라고 합니다.
정삼각형의 둘레는 3입니다.

4

5

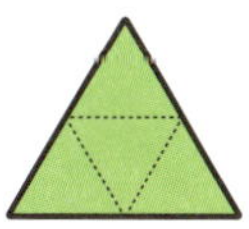

6

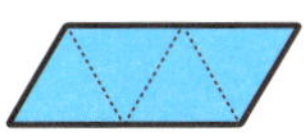

6

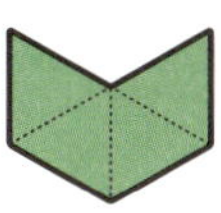

6

7

28 CHALLENGE STEP 1

p.29

둘레 구하기

주어진 조각의 둘레를 구해보세요.

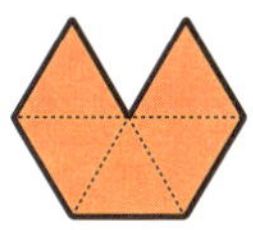

7

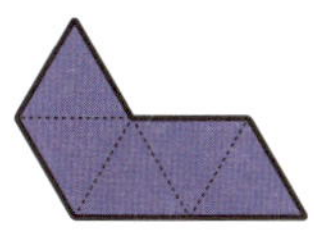

7

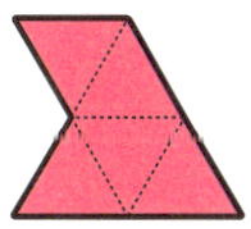

7

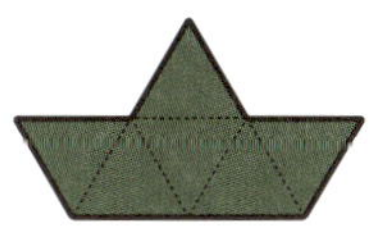

8

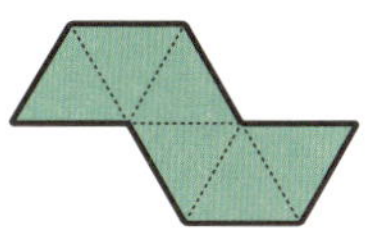

8

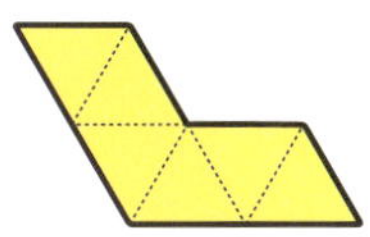

8

폴리아몬드 29

정답 제시된 방법 외에 다양한 답이 나올 수 있습니다.

p.30

13. 둘레 구하기

측정

다음 모양을 모두 2조각으로 맞추고 맞춘 모양의 둘레를 구해보세요.

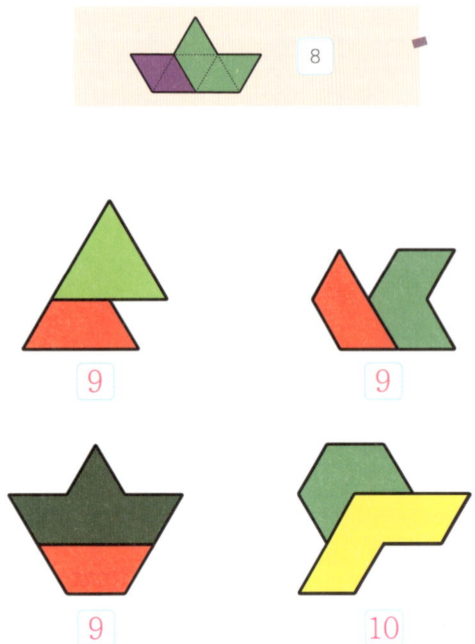

p.31

둘레 구하기

다음 모양을 모두 2조각으로 맞추고 맞춘 모양의 둘레를 구해보세요.

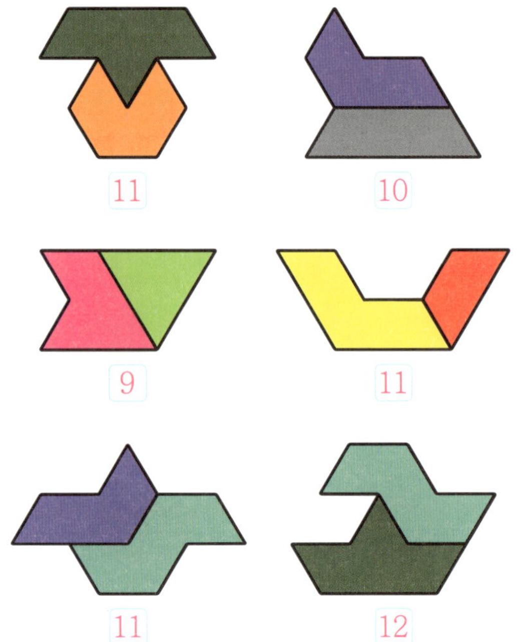

p.32

14. 합친 모양의 둘레 구하기

도형

두 모양을 합쳐서 아래 모양을 맞추고, 둘레를 구해보세요.

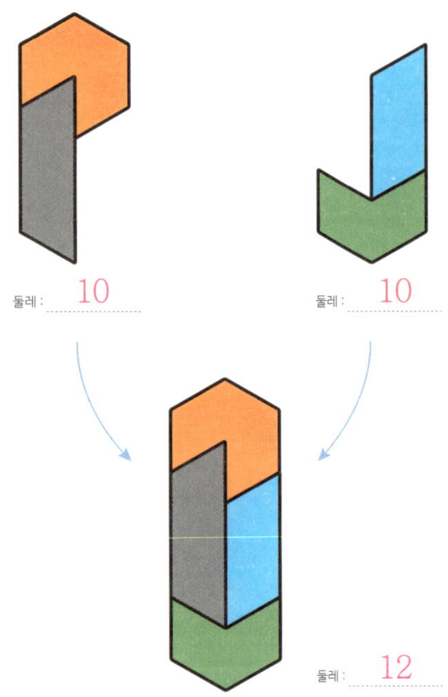

p.33

둘레 구하기

두 모양을 합쳐서 아래 모양을 맞추고, 둘레를 구해보세요.

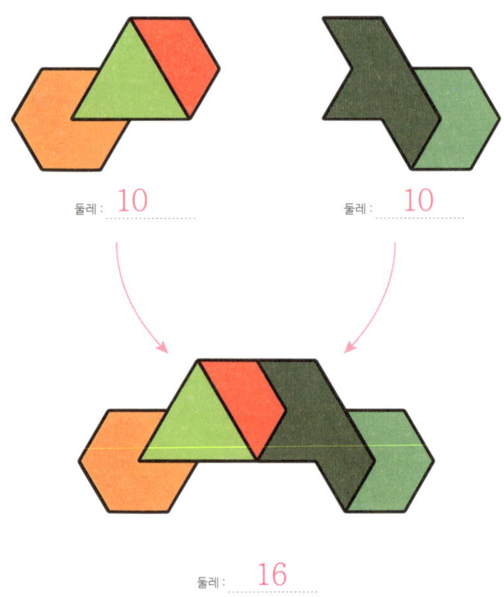

제시된 방법 외에 다양한 답이 나올 수 있습니다.

p.34

15. 조건에 맞는 모양 맞추기 2

도형

여러 가지 모양의 몬스터 왕관을 만들어 보세요.

p.35

모양 맞추기

여러 가지 모양의 몬스터 왕관을 만들어 보세요.

p.36

16. 조건에 맞는 모양 맞추기 3

도형

조건에 맞게 다음 삼각형을 맞추어 보세요.

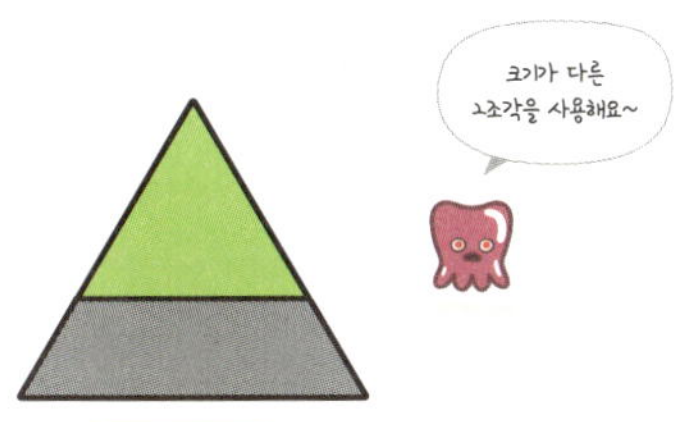

2조각

4조각

p.37

모양 맞추기

조건에 맞게 다음 삼각형을 맞추어 보세요.

8조각

정답 제시된 방법 외에 다양한 답이 나올 수 있습니다.

p.38

17. 크기가 같은 모양 맞추기 2

도형

제시한 조각으로 모양을 각각 맞춰보세요.

p.39

모양 맞추기

제시한 조각으로 모양을 각각 맞춰보세요.

p.40

18. 동시에 맞추기

도형

다음 모양을 동시에 맞추어 보세요.

6조각

6조각

6조각

p.41

모양 맞추기

다음 모양을 동시에 맞추어 보세요.

4조각

5조각

6조각

티칭 가이드 이 책에서 동시에 맞춘다는 의미는 흰색, 빨간색을 제외한 다른 조각은 중복해서 사용할 수 없음을 의미합니다.

제시된 방법 외에 다양한 답이 나올 수 있습니다.

p.42

19. 조건에 맞는 모양 맞추기 4

도형

다음 모양을 맞추어 보세요. 이때, 흰색 정삼각형은 사용하지 않습니다.

p.43

모양 맞추기

다음 모양을 맞추어 보세요. 이때, 흰색 정삼각형은 사용하지 않습니다.

p.44

20. 재미있는 모양 맞추기 3

도형

다음 모양을 맞추어 보세요. 이때, 같은 색 조각은 변끼리 만나지 않습니다.

p.45

모양 맞추기

다음 모양을 맞추어 보세요. 이때, 같은 색 조각은 변끼리 만나지 않습니다.

MEMO